美国世纪的终结与世界体系的未来

THE END OF AMERICAN CENTURY AND THE FUTURE OF WORLD SYSTEM

白钢 著

红旗出版社

红旗出版社 HONGQ PRESS 推动进步的力量

图书在版编目(CIP)数据

美国世纪的终结与世界体系的未来 / 白钢著.
— 北京: 红旗出版社, 2020.6
ISBN 978-7-5051-5207-6

Ⅰ. ①美… Ⅱ. ①白… Ⅲ. ①美国—研究 Ⅳ.
①D771.2

中国版本图书馆CIP数据核字(2020)第085090号

书　　名　美国世纪的终结与世界体系的未来
著　　者　白　钢

出 品 人	唐中祥	封面设计	观止堂_未 氓
总 监 制	褚定华	责任校对	周婷婷
责任编辑	徐　澜　曾晓蓉	责任印务	金　硕
出版发行	红旗出版社		
地　　址	(北方中心) 北京市沙滩北街2号	邮政编码	100727
	(南方中心) 杭州市体育场路178号	邮政编码	310039
编 辑 部	0571-85311330		
E - mail	674079684@qq.com	发 行 部	(北京) 010-57270296
图文排版	杭州润竹文化创意有限公司		(杭州) 0571-85311330
印　　刷	浙江全能工艺美术印刷有限公司		
开　　本	880毫米×1230毫米	1/32	
字　　数	149千字	印　　张	7.25
版　　次	2020年6月北京第1版	印　　次	2020年6月杭州第1次印刷
ISBN 978-7-5051-5207-6		定　　价	40.00元

欢迎品牌畅销图书项目合作　联系电话: (北京) 010-57274627　(杭州) 0571-85310181
凡购本书, 如有缺页、倒页、脱页, 本社发行部负责调换

序　言

2014年为纪念"占领华尔街"运动三周年，我写作了《美国世纪的终结与中国道路的命运》一文。文章最初发表于北京大学中国与世界研究中心《研究报告》2014年第6期（总第294期），并刊登在观察者网上，一时引发了许多讨论。此文最核心的观点是，自16世纪以来由西方主导的世界体系，已经历两次重大的内部霸权转移，即荷兰霸权向英国霸权的转移（以1815年《维也纳条约》的缔结为标志）和英国霸权向美国霸权的转移（以1945年二战结束和联合国成立为标志）。日前，美国主导的世界体系正面临日益严重的危机，进入加速失效进而失序的过程。美国尽管仍是一个在当今世界诸多领域拥有决定性影响的核心国家，却已经不再作为以引领全球为标志的霸权而发挥作用——它由霸权退化为"非霸权支配"。

就霸权结构及历史而言，随着20世纪的结束，美国霸权及以其命名的"美国世纪"事实上正在走向终结，而在刚刚开始的21

世纪中，一种新的世界体系的构成及走向尚未确定。同样未定的是，中国和世界其他主要国家在其中如何定位、如何自处、如何运作。新世界体系的领导者将面临重大选择：是既有世界体系下霸权迭代产生的霸权继承者即“旧体系的新主人”，还是超越此种霸权结构，开辟全新的、与其他国家共进而各得其所的多维空间。

现在重新审视这篇作品，经历了此后“一带一路”与亚投行等倡议被各国广泛认同和接受、英国脱欧、特朗普政府上台、东北亚局势重大变化、中美经贸摩擦等重大事件，美国世纪的终结这一观点，从最初的应者寥寥乃至被视作异想天开，到如今已经被越来越多的保持基本现实感的群体所接受。而新的世界体系的形态以及中国在其中的地位与作用，却依然保持巨大的不确定性。

这篇作品以“占领华尔街”运动为缘起，当时社会尚未明确意识到，这一运动标志着世界性的“再政治化的政治”的到来。这种“再政治化”浪潮与自20世纪70年代后期以来的资本逻辑主导之政治自身“去政治化”运动，它们之间形成的斗争张力，将伴随新的世界体系的构建与对全球化的重新认知—界定而展开。对这种新趋势的认识，是本书写作的重要思想动力。

本书的问世，要特别感谢红旗出版社总编辑徐澜同志。她在2019年读到《美国世纪的终结与中国道路的命运》后，立即建议我将之扩展成书。恰好，我也想写一部与世界体系相关的专著，于是很快着手进行写作。

与六年前的这篇文字相比，本书在结构上做了一些比较大的调整：

在当时只是作为一般背景提及的16世纪以来世界体系的演化，专门以一章的篇幅加以论述，并引入了13世纪世界体系作为其参照系；

关于中国道路的讨论，在“比较优势道路的否定之否定与自主赶超”与“三维市场体制”两部分之外，加入了朝贡体系的历史分析；

专门加入“后美国世纪的世界趋势”一章，着重阐发有关“再政治化的政治”“世界体系的大重组”“新轴心时代”的思考，分别对应于世界体系40年、500年乃至5000年的变局。由于这部分内容的前瞻性特征，注释较之其余几章明显要少；

结语对“漫长的21世纪”的论述，既是对16世纪以来世界体系和“再政治化”讨论的延续，也呼应了2018年与几位朋友合著的《天下为公》一书的副标题“中国社会主义与漫长的21世纪”。附录则收入两篇与本书的主旨有深层关联但较难被纳入正文结构的文章。

本书的书名《美国世纪的终结与世界体系的未来》，是另一个比较重大的变化。一方面，之所以不再将美国世纪与中国道路对举，是为了突出新世界体系不同于16世纪以来霸权迭代的老逻辑，呈现更为平等、均衡、多元的特征，如《易经·乾卦》的爻辞所示：“用九：见群龙无首，吉”（本意指平等共济，各司其职）。这种对霸权主导式世界体系的超越，恰恰是践行“中国道路”之于世界历史—世界文明史的重要意义所在。另一方面，也想借此提醒某些人士：是中国的崛起导致了美国的衰落吗？只要“扳倒”中国就可以让美国长盛不衰吗？美国世纪的终结是其所遵循的霸权逻辑演化的必然结果。20世纪70年代布雷顿森林体系的瓦解与越战泥潭便已宣告美国霸权的“信号危机”，2008年的全球金融危机则标志着它的“垂死危机”，这既不是中国造成的，也不可能通过遏制中国而改变。美国应该及早从这种原始部落式的迷信中摆脱出来：自己的疾病不可能通过别人得病而解决，诅咒、恫吓、威胁、狂躁等种种反应无助于缓解病情，而只会令其进一步恶化。

伊曼纽尔·沃勒斯坦（Immanuel Wallerstein）生前曾设想，在其所著的四卷本《现代世界体系》（最后一卷“中庸的自由主义的胜利（1789～1914）”尚未涉及一战爆发后的历史）之后，再写作两卷：第五卷是关于1873年—1968年/1989年的历史，其主题可视作美国霸权的历史进程；第六卷的主题则是资本主义世界经济的结构性危机，其时间跨度为1945年/1968年—21世纪中期，可视作对后美国霸权的资本主义命运的讨论。他的这种构想一部分由乔万尼·阿瑞吉（Giovanni Arrighi）通过其作品《漫长的20世纪》《现代世界体系的混沌与治理》《亚当·斯密在北京：21世纪的谱系》得以实现。阿瑞吉于2009年去世，他目睹了金融危机的爆发，也在中国道路的实践（特别是中国特色社会主义体制与市场经济的融合）中见到了新世纪的曙光。但是，他们都未能对后美国世纪的世界体系进行更完整的阐发论述。本书希望能够为这两位伟大学者未能完成的设想提供某种初步的解决思路，以此作为对他们的真诚纪念。

如同黑格尔所言，“密涅瓦的猫头鹰在黄昏才起飞”。在现实性完成自身的形成过程之前，哲学不会出现。理论思辨相对于现实的滞后特征，在过去几十年中国社会的迅疾发展过程中体现的尤为明显。中国现实的丰富生动与复杂多变，更反衬出学界相关解释理论的单调枯燥与歌德意义上的“灰色”特征。因而并不令人意外，相比中国在当代世界体系中的重要地位，中国学者关于世界体系理论的介入与讨论尚处于较边缘的状态。本书可能是汉语学界第一部讨论世界体系的专著。愿做抛砖引玉之用。

是为序！

目 录
Contents

导　言

2011年，美国彼得森国际经济研究所（Peterson Institute for International Economics）学者阿文德·萨博拉曼尼亚（Arvind Subramanian）出版了《黯然失色：生活在中国经济主导地位的阴影下》（*Eclipse: Living in the Shadow of China's Economic Dominance*），开篇描绘了某种场景：2021年的某日，美国总统前往国际货币基金组织，签署一份与该组织的中国籍总裁商讨达成的救助贷款一揽子协议。那时，2008年那场几乎让美国陷入国家破产的金融危机才过去不到三年，该书作者在接受《华尔街日报》采访时提出，的确存在这种可能性——美国经济陷入不得不向以中国为代表的外界力量寻求援助的困境。

萨博拉曼尼亚或许没有想到，在他以预言性方式提及的2021年到来不久前，美国与中国发生了一场大规模的贸易摩擦，与此同时，类似的带有很强对抗性的贸易冲突，还发生在美国与包括其旧时盟友在内的许多其他国家之间。似乎是想对上述事件作出理论解释，法国经济学家托马斯·菲利蓬（Thomas Philippon）于2019年出版了《大逆转：美国如何放弃自由市场》（*The Great Reversal: How America Gave up on Free Markets*）一书，基于美国国内市场由寡头垄断主导、游说集团导致监管方式不利于自由市场等分析，他明确提出，美国已经放弃了自由市场原则，成为被操控的市场。

比学者的观察更有标志性意味的是，2019年10月，法国总统马克龙（Emmanuel Macron）在一年一度的外交使节会议上所作的发言。他感叹，国际秩序正在被一种全新的方式颠覆，这是一次国际秩序的转型，是一次地缘政治的整合，更是一次战略重组。西方的霸权或许已近终结。处于这一大趋势下的欧洲，应做到：（1）更好地促进中国的新丝绸之路与欧洲联通战略的融合，（2）优先建立欧洲主权（经济主权、军事主权、边界主权），真正地加强欧洲一体化，以此防止其他国家的干扰。作为这一思考的延续，在2019年11月7日接受《经济学人》采访时，马克龙进一步提出，北约组织（NATO）已经处于“脑死亡”（brain dead）状态，站在“悬崖边上”的欧洲需要思考自己的战略问题，否则将“不再掌控我们自己的命运”。在2020年2月15日的慕尼黑安全会议上，他更是直接否定了美国国务卿蓬佩奥有关“西方正在取胜”的观点，认为会议的公开主题“西方的缺失”恰恰反映出相反的情况，进而提出欧洲应该停止继续充当“美国的‘资浅合伙人’”。

我认为，以上种种理论与现实，不但指向美国世纪的终结，更指向16世纪以来西方主导的世界体系的终结。

第一章 美国世纪终结之前

美国霸权的三大支柱

作为第二次世界大战后主导世界秩序的重要政治体，美国无疑具有诸多支撑其霸权地位的要素：

完备的产业体系与研发机构，学科建构与课题设置的主导地位，引领科技创新的能力，构成了极为充盈的**教育—科研资源**；

遍布世界的带有美国背景的金融机构、文化机构和非政府组织以及情报机构，构成了三位一体的、全球化的**美国利益延展—实现机制**；

美国之民主制度、自由市场与个人奋斗改变命运的“美国梦”，都代表了**美国式意识形态**。这种被塑造、被传播的普世价值，使美国占据道义高点，持续吸引着全世界优秀人才。

以上三者既有相对独立的、自主的作用，又彼此关联，相互支撑，在较长时间内保持盘根错节、根深蒂固之态，可视作美国霸权的三大支柱。

其中，科研—教育机制具有基础意义，利益实现机制更富实践意义，意识形态机制既是上述二者共同塑造的结果，又为它们提供了正当依据，并服务于三类机制更长周期、更广范围的有效运行。

进入21世纪特别是2008年金融危机之后，美国霸权的三大支柱虽然还保持着强大的力量，但也都面临着严重的乃至根本性的动摇。

教育—科研维度

美国在过去一个世纪的时间里，研究与试验发展（Research & Development，简称R&D）投入长期位列世界首位。2000—2016年，美国R&D投入从2694亿美元增长到5103亿美元，在国内生产总值（GDP）中的占比稳定在2.5%—2.8%的水平。同期中国的R&D投入从108亿美元猛增到2378亿美元，占国内生产总值的比例从0.89%增长到2.12%，据国家统计局《2018年全国科技经费投入统计公报》，2018年这一数值进一步上升到人民币19677.9亿元，占国民生产总值的2.19%。

以上数据可以看出，在这个维度上中国已逐渐呈后来居上之势。例如在专业人才数量方面，比较2014年自然科学与工程学学士学位获得人数，美国约38万，中国达145万（其他人数较多的地区：欧盟八国57万，日本12万，韩国11万）；在2014年自然科学与工程类博士学位获得人数上，美国为2.98万，中国为3.18万（欧盟八国4.92万，日本0.59万，韩国0.55万）；在2015年科学与技术领域的全职研究人员数量上，美国为138万，中国为162万（日本66万，德国38万，韩国36万）。在专利申请领域，据世界知识产权组织（WIPO）发布的《2018年全球知识产权报告》，2018年WIPO受理的PCT专利申请达到253000件，其中美国以56142件申请排名第一位，中国以53345件排名第二（日本以49702件排名第三），虽然中国申请数年增长率仅9.1%，为2002年以来最低的水平，但相对于美国的负增长率—0.9%，还是显示出极大的后发优势。而华为公司以5405件的申请数位居2018年公司申请专利数的榜首（中兴通讯以2080件排名第四），则是中国在前沿通讯领域高速赶超的直观表现之一。

相对于上述数据，美国在高等教育方面的优势显得更为突出，也更为人称道。依据2019年QS（Quacquarelli Symonds）世界大学排名，美国的院校在世界前一百位大学中超过30所，在前十名中占五所且包揽前四名；据2019年THE（泰晤士高等教育）世界大学排名，美国院校在前一百位大学中超过40所，在前十名高校中占七所。而中国的大学在这两份榜单的前一百位排名中分别占11所（包括香港地区四所，台湾地区一所）和六所（包括香港地区三所），尚无进入前十位者。这种高校排名的优势，既对应了美国高等教育资源与相关专业人才异常丰富的现实，也反映出美国（或者说英美）对高等教育评价标准与评价体系的垄断地位。

这种与评价体系紧密相关的优势也体现在科学与工程（Science & Engineering，简称S&E）领域的论文发表数与引用率上。比较2016年S&E论文发表数，美国为40.9万，中国为42.6万（欧盟61.4万，印度11万，日本9.7万）；在2016年S&E领域发表的引用率前1%的论文中，美国相对比例指数为1.9，中国为1.01（欧盟为1.28）。在相关科研领域的重量级奖项方面，如诺贝尔奖（物理、化学、生物医药）以及菲尔茨奖和图灵奖，美国及美国高校的获奖数量均占有极明显的优势。这种在知识领域特别是科技前沿领域的优势地位，既是美国霸权的重要表征，也是其结果。

究其原因，美国的多元化科研资助体系，联邦科研机构、高校、企业、其他非营利性科研机构四类主体间的有效分工协作，特别是美国长期以来广泛吸引世界各地人才的国家战略，这些因素都使得科研水平曾相对欧洲处于边缘地位的美国在20世纪崛起为教育—科研的超级大国。例如，诸多美国高校曾经以德国柏林洪堡大学为研究型大学的典范，如哈佛大学、约翰斯·霍普金斯大学、芝加哥大学等，并且都后来居上，成为20世纪30年代以来现代大学的典范。

这里要特别强调一下美国的人才战略，这种战略高度依赖源源不断的外来人才的涌入，为高校与科研机构提供必要的各类人力资源，并纳入教育—培训的自我循环体系（在美国，被政府、高校、工业和科研单位雇用的科学家和工程师超过500万，其中超过25%的人在国外出生，而这个数量在拥有博士学位者中达到40%）。但是，如今的特朗普政府针对中国留学生和学者有诸多限制政策，特别是2019年11月，美国参议院国土安全与政府事务委员会举行有关中国人才招募计划（以“千人计划”为代表）的听证会，并在会后发布报告《对美国研究界的威胁：中国人才招募计划》（*Threats to the U.S. Research Enterprise: China's Talent Recruitment Plans*），提议对该计划进行系统性反制，标志着美国此前吸引—使用外国人才之长期战略的逆转。

某种程度上，这也预示着美国在教育—科研领域长期占有的优势地位的动摇。

利益延展—实现机制

以跨国公司为手足，以金融机构为血脉，以文化机构与非政府组织为耳目喉舌，以情报机构为神经，以军工复合体为筋骨，共同构成了美国利益（整体的与部门的）的延展—实现机制，帮助美国在世界范围内获取空前规模的超额利润，进而延续与强化这种机制。美元体系，则是这种机制的心脏。它兼有荷兰霸权时代以特许股份公司（如荷兰东印度公司）为代表的资本逐利特征和英国霸权时代推行世界市场（或者说以“自由贸易”构建世界帝国）的帝国主义特征，又比之更为强大，包含着复杂的内在矛盾。

相对于之前的霸权国家，美国拥有前所未有的数量庞大的手足——跨国公司（2008年全球跨国公司已超过80000家，美国公司所占比例不低于25%），并在世界500强企业中长期占据数量优势。据《财富》杂志公布的2019年世界500强企业榜单，美国企业占121家，中国以129家企业首次超越美国，这也是美国在这一榜单中第一次被超越。

美国跨国公司与美国政府之间有着非比寻常的关系。一方面，在美国跨国公司进行海外扩张的过程中，美国政府发挥了极大的作用：不但提供税收优惠和保险计划，还提供了政治便利与军事保护，如利用“超级301条款”（源自美国贸易法的条款）公布重点不公平贸易做法和贸易开放重点国家名单，迫使其他公司满足美国要求并达成协议。另一方面，美国的跨国公司也在其活动的区域内配合实现美国国家战略：除了一般性的商业活动之外，公司还进行着带有政治意图的商业活动如推动马歇尔计划，甚至配合或参与中央情报局等政府部门的活动。例如，1954年美国联合果品公司策划参与了推翻危地马拉阿本斯政府的阴谋活动；1965年美国矿业公司帮助美国政府颠覆刚果的时任总统卡萨武布为首的政权，扶植蒙博托上台执政；20世纪70年代，美国国际电话电报公司参与配合美国政府支持皮诺切特发动政变，推翻智利民选总统阿连德；进入21世纪后，美国的哈利伯顿（Halliburton）、贝克特尔（Bechtel）、卡博特（Cabot）等跨国公司为了赢得战后重建合同及矿产资源，卷入伊拉克战争和刚果内战。2019年5月，联邦快递将华为公司从日本发往中国的两个邮件送到了美国，另有两个从越南发往中国香港和新加坡的邮件在中途滞留，最终也被联邦快递改发到美国，这种过往历史的丑陋有着并不出乎意料的延续。

跨国公司对某些地区政治的深度介入，不但与其自身定位相关，也和在二战中生成、迅速壮大、已呈尾大不掉之势的美国“军工复合体”（military-industrial complex）相互纠缠。事实上，这个由美国军方、军工企业、部分国会议员与政府成员组成的庞大利益集团，作为利益机制的筋骨，不但影响着美国（及其重要盟友）的政治、外交、军事和国家战略，也通过深具美国特色的军民融合体制影响着美国的教育—科研资源（国防预算中包含着相当高比例的科研经费）与文化—意识形态（好莱坞影视里的美军影像即是很好的例子）。

军工复合体是美国“深层政府”（deep state）的重要组成部分。如果将深层政府理解为为了特殊利益以秘密方式实际控制国家的集团，那么美国的深层政府除了军工复合体之外，还包括跨国金融集团及其涉及的政府核心部分成员。由于唐纳德·特朗普多次提及深层政府的存在和对他本人的威胁，并将之作为一种宣传策略加以使用，某些他的支持者（如史蒂夫·班农）往往把反对特朗普的跨国金融集团（所谓的“达沃斯党”，Party of Davos）视作深层政府这股“邪恶力量”的主要构成，而把特朗普想象成从中解放美国的救世主。

这种将跨国金融集团当作美国本土利益之敌人的思维，滤去其中戏剧化的阴谋论成分，本质上反映了美国的跨国公司（它们植根于美国，归属于美国）与在美国的跨国公司（它们根本上是独立的，只是选择美国作为寄主）所代表的事实逻辑矛盾。实际上，军工复合体和跨国金融集团的合谋与斗争构成了美国深层政府的内在张力，虽然二者的社会基础与利益诉求有所差异，但均能以隐形的方式控制美国，深刻影响着美国的行为轨迹与整体命运。

美国式意识形态

在美国之外的世界各地，特别是知识阶层与精英群体之中，存在着大量认同美国、热爱美国甚于本国者，他们不惮于公开表达这种认同与热爱，这是美国式意识形态化作国家实力的明显表征。

民主政治、自由市场经济与奋斗实现富裕生活的“美国梦”，构成了美国相对于此前的荷兰霸权与英国霸权更为鲜明强烈的价值导向。输出此类普世价值，成为美国政府在二战后最具持续性的政策之一。特别是在“9.11”事件后，出于自身安全焦虑与对外价值形象的双重考量，美式价值观的输出在依托互联网的新型传播方式后达到了前所未有的高峰。阿富汗战争、伊拉克战争、叙利亚内战、茉莉花革命、阿拉伯之春等事件，都被打上了浓重的意识形态烙印。

但是，对外呈现为普世价值化身的美国，从来只是美国意识形态的其中一面，它并不是也不曾是美国真实社会历史的反映，即便就美国流行的自我认知与自我想象而言，也存在着颇为不同的另一面：**美国例外主义（American Exceptionalism）**[1]。这种例外主义，一方面接续于西方中心主义的框架——古希腊例外于近东—中东世界、西欧例外于世界、英国例外于欧洲大陆的例外论，另一方面则融入了犹太教的选民说与以《旧约·出埃及记》为原型的有关择选与应承的想象。《出埃及记》中上帝对以色列人的考验——以色列人一度发生信仰动摇——受到惩罚后醒悟——坚定信仰到达神赐之地的记述，转化为美国超越一切其他国家且有着特蒙神佑（Special Providence）地位的信仰（这意味着，一旦美国放弃这种特殊地位与自我期许，混同于普通国家，则类似于以色列人放弃信仰，必遭神的惩罚），这也成为美国例外主义的重要意象。在此意义上，例外主义不仅标示着特殊的差异，更代表一种相对常态的背离，以及要为这种背离作正当化乃至神圣化的辩护。

对美国所代表的普世价值与例外主义的双重坚持，形成了两类传统。一者为亚当斯主义，可溯源到1821年美国国务卿约翰·昆西·亚当斯（John Quincy Adams）在独立日发表的声明，称美国"不会到国外去寻找恶魔加以消灭，她真诚希望所有人都获得自由和独立；她将只是自身自由与独立的捍卫者和支持者"。这是美国在尚未足够强大时希望独善其身而免于欧洲列强干涉的传统方式，某种程度上还关联于美国因自身独特的地理优势而产生的**孤立主义**倾向[2]。二者为干涉主义或称威尔逊主义，以第28任美国总统伍德罗·威尔逊（T. Woodrow Wilson）于1918年提出的十四点和平纲领为代表，表达了一种具有理想主义色彩的世界秩序主张，试图取代老欧洲的势力均衡、秘密外交、贸易壁垒、军备竞赛、否定民族自决等种种实践，而转向国际法与国际组织、集体安全、公开外交、自由贸易、海洋自由、裁减军备和民族自决等新的原则和做法，象征着美国由地区强国上升为世界大国的过程中，尝试构建带有鲜明美国特征之新型国际秩序的图谋。

19世纪20年代发表的**门罗主义**（**Monroe Doctrine**）[3]，起初由亚当斯等人构思而成，并由美国第五任总统詹姆斯·门罗（James Monroe）正式发表。其出发点是反对欧洲列强干预美洲事务，主张“美洲是美洲人的美洲”的自我保护立场，后来发展为将美洲划入美国的势力范围、美国有权力也有责任对美洲事务加以干预的扩张立场。在赢得美西战争的胜利后几年，第26任美国总统西奥多·罗斯福（Theodore Roosevelt）于1904年12月6日致国会的咨文中提出所谓**“罗斯福推论”**（**Roosevelt Corollary**），标志着门罗主义的转向：“在美洲，如同其他地方一样，导致文明社会纽带全面松弛的长期暴行或贫弱，最终会需要某一文明国家对此进行干涉，而美国在西半球遇到了此类的罪恶昭彰的事情，为了恪守门罗主义，也不得不有理由施行国际警察的力量。”从孤立主义到门罗主义，从门罗主义到罗斯福推论，再到威尔逊的自由国际主义，代表着自我保全与积极干涉这两种美国意识形态之间，因国力与世界格局的变化而互相转化的外交倾向。

因此，美国式的意识形态本身包含着巨大的矛盾。它希望将自身标识为绝对独特与例外的，却认为其所代表的价值是普遍适用的，应该对外传播并让全世界接受。同时，即便世界其他地方认同并接受了这种价值，也不应更不能动摇美国的独立与例外地位。而且这种“例外”是根植于美国历史进程的：当美国实力不够强大时，它的独立性不容外部世界干预；当它足够强大时，外部世界不得以独立性对抗它的干预。例外主义与普世性在本质上无法真正相容的逻辑，长期占据着美国意识形态的内核。特朗普政府之所以被美国传统的精英阶层激烈反对，很大程度上源于其放弃了这种意识形态的含混性与外部藻饰，以“美国优先论”直白地将一直存在的内核暴露无遗。

传统政治的连接：混合政体与帝国形态

美国常被描绘为一个年轻而缺乏历史传统的国度：反对美国者常以此讥讽其浅薄鄙俗，全无底蕴，缺少教养，而为其贴上“暴发户”的标签；拥护者则将之视作美国有别于老欧洲和其他的老牌、大型帝国的优点，以为正因其不存在封建主义的负累，故而具有老欧洲所无法相比的社会活力与阶层流动性。然而，这类认为美国缺乏历史传统的印象，都忽略了美国的建国者将美国视作希腊—罗马传统之继承者以及美国精英层的世界认知长久以来植根于希腊—罗马传统的事实。这种与遥远的希腊—罗马世界的精神连接，构成了美国自我传统的一部分。

在美国国徽的反面，底部的拉丁语Novus Ordo Seclorum表示“世界的新秩序”——源自古罗马诗人维吉尔（Vergilius）为罗马进行神圣溯源的作品《埃涅阿斯纪》（Aeneid）。在此之上是一座未完成的金字塔，塔底用罗马数字刻着代表美国建国时间的MDCCLXXVI即1776年，标志着美国新纪元的开始。即便那时美国只是一个新生国家——刚刚摆脱英国统治，由13块旧殖民地组成，与欧洲中心相隔遥远，但其建国者已在期待它能如全盛时期的罗马帝国般统治世界。在国徽反面的顶部即塔顶神秘眼睛的上方，标注了拉丁语Annuit Cœptis，表示“点头同意”。这是一句有待添加主语的表述，这个缺失的主语往往被认为是“神意、天意”，而宾语的含义“事业”又可理解为“我们的事业”。这一短语便被解释为“神意支持我们的事业”，从而成为美国“天定命运”（Manifest Destiny）这一论调的预言。

就美国的国家形态而言，相对于民主国家这一流行的意识形态的自我指称，与其实际更相符的标识应该是**混合政体的帝国形态**。混合政体的特征意味着，在美国的政治体制中兼具君主制、贵族制和共和制的要素，粗略而言，总统制、参议院、众议院可分别视作上述三者在现实政治中的对应。美国的帝国本质，是其保守派丝毫不惮于承认甚而津津乐道的事实，依照这样一种谱系学说，美帝国是罗马帝国—英帝国的唯一正当继承者，从而三者得以分享共同的历史经验与统治技艺。

混合政体的概念，首先由亚里士多德在《政治学》中提出（他以politeía一词指称这一概念，这一词汇在《政治学》中通常用于表达共和制/民主善政），即一种权力由所有类型的公民团体（君主家族、贵族、人民）共享的政体形式。在公元前2世纪波利比乌斯（Polybius）为希腊人书写的《通史》中，混合政体被用于解释罗马的政体结构。虽然罗马人所坚持的**共和体制**与这种依照希腊眼光提出的**混合政体**具有重大区别[4]，但它确实为罗马人所创立的政治制度提供了某种系统的、哲学化的解释理路。人们甚至可以在罗马所拥有的库里亚大会（comitia curia）、百人团大会（comitia centuriata）、部族大会（coitiatributa）三种公民大会形式中，分别见到类似于僭主制、贵族制和民主制的痕迹[5]。

一个有趣的事实是，此种混合政体的学说虽不乏深刻，却在当时的罗马毫无影响，罗马帝国覆灭后漫长的中世纪里也很少被人提及。直至16世纪以降，伴随资本主义生产方式在西欧生成壮大与相应的社会结构变化，混合政体学说才真正引起各方的重视。1642年6月21日，距离英国内战正式爆发两个月前，一份由查理一世颁发的《陛下对两院十九条提议的答复》（“His Majesty’s Answer to the Nineteen Propositions of Parliament”）宣布，英格兰实行的是混合政体而非绝对君主制，政府分属国王、领主、平民三个阶层（这个体系的健康生存取决于维持**三者之间的平衡**，这种平衡不但表现于世袭等级之间，也体现在各种不同功能的权力之间[6]）。这可以视作混合政体学说被现实政治力量认可、正式进入主流政治话语体系的标志，同时呼应并见证着马基雅维利在中世纪后期通过其《君主论》与《论李维》所开启的罗马古典共和传统的复兴。

作为这种传统复兴的有机组成，在欧洲的启蒙运动与以美国独立建国和法国大革命为代表的政治运动中，**罗马式共和政体**均被表彰为现代政治值得追随的典范[7]，而对共和政体的解释几乎均突出其混合政体的特征。美国建国者所设计的共和立宪制（constitutional republic），其核心便是总统对应君主、参议院对应贵族、众议院对应人民的三者间的平衡关系。民主，尽管已经成为共和政体需要正视、包容并内在化的要素，但在当时的意识形态话语中，更多地仍是与骚乱、暴力等概念联系在一起，需要被时时警惕和限制。[8]只是伴随着19世纪人民主权学说的证成与广泛接受，民主的优势逐渐超越共和政体—混合政体，变得极具正当性和认可度，事实上为混合政体的美国，才不得不把民主作为自己核心的特征加以肯定和宣扬。

依照亚里士多德与波利比乌斯对混合政体的描述，它相较于任何一种单一政体都更为稳定和健全。美国建国两百余年的历史，恰好可视作这一古老论断的印证。混合政体得以维系良好运转的关键，在于上述三种因素始终保持某种适宜的比例从而达到富有张力的平衡，反过来说，混合政体也需要高度政治智慧的实践，有赖于此，保守封闭的中西部内陆与开放多元的东西部沿海都市得以有机共存，联邦政府与各州达成较合理的权力分配，这赋予了美国相较于欧洲更大的活力、更强的自我认同、更有效的政治决断与组织动员能力。在此意义上，美国的霸权绝不是偶然获得的。

与曾经的罗马帝国与英帝国类似，美国采取内外有别、内宽外忌的国家—国际战略。处于帝国之外的政治体，依照敌友原则进行严格区分，使我方阵营的其他成员服从并服务于美国的整体国家利益，动员一切资源削弱乃至颠覆敌对阵营之政权。至于帝国内部，在确立主流价值观的情况下，实行较为宽松自由的统治，既可借对抗帝国敌人的名义凝聚共识、转移视线、转嫁矛盾，又利用全球范围获取的超额利润弭和内部利益纷争，使国内的各类矛盾基本处于可控范围内而不致激化。第36任美国总统林登·贝恩斯·约翰逊（Lyndon Baines Johnson）在任内（1963—1969年），对外升级越南战争（累计参战人数达65万，是美国在二战后最大规模的军事行动），对内则签署《民权法案》，通过《移民与国籍法》确立较为平等的移民政策，提出“伟大的社会”计划，推动了一系列带有进步主义色彩的政策，正是这种内宽外忌战略的典型例子。

如果说处于强势地位的美国会以新罗马帝国自期，那么当它感到自己的强势地位受到威胁时，主要的敌我参照则源自古希腊。美国的想象可分为两类。

其一，将自己比作希腊而将对手视作波斯，将希腊人与野蛮人的冲突，转化为西方与东方、文明与野蛮、民主与专制、自由与奴役等一连串带有鲜明二元论色彩的对立。波斯入侵希腊但被击败的历史，犹太教—基督教中有关神的选民（正信者）与异教徒（无信者）斗争并最终胜利的故事，这两类想象相糅合，成为美国战胜对手的预言，典型的例子是1983年美国时任总统罗纳德·里根（Ronald W. Regan）在一次演讲中将苏联定义为**“邪恶帝国”（Evil Empire）**[9]。

其二，将美国霸权受到的挑战及可能发生的冲突比作公元前431—公元前404年在雅典与斯巴达之间进行的伯罗奔尼撒战争，即所谓的**修昔底德陷阱（Thucydides's Trap）**：一个新崛起的大国（如雅典）会挑战已有的霸权（如斯巴达），双方面临的危险往往会引发战争和灾难，造成世界秩序的崩乱[10]。尽管这种陷阱说建立在高度不确定的乃至颠倒前提的假设之上：没有充分的理由认为雅典相对于斯巴达是新崛起的强权，而斯巴达为既有的强权，事实上，雅典与斯巴达在当时的地中海世界，相对于波斯都谈不上是真正的大国。更常见的例子是19世纪末的德国（新崛起的大国）与英国（既有的霸权）。

提出陷阱说者，在伯罗奔尼撒战争的解释中，认为是既有的强权斯巴达无法容忍雅典的挑战而发动进攻的，而在第一次世界大战的解释中，既有的霸权英国却被描绘为被动接受德国挑战。而这种种牵强附会，只是为了引出后来者对霸权的挑战往往以失败告终、但也会给旧霸权带来摧毁性打击的结论（雅典之于斯巴达，德国之于英国）。他们却忘记了，哪怕以英国的例子而言，它的崛起正是以1588年击败当时的地区霸权西班牙及其无敌舰队（Grande y Felicísima Armada）为前奏的。这种削足适履的逻辑，使古希腊与近代以来的世界霸权更替都在这种“陷阱”中呈现为某种高度扭曲的状态。

持这种陷阱论者，试图将中国与美国这两个具有数亿人口、版图接近整个欧洲、掌握热核武器、拥有全球性利益的大国，以当时尚处于地中海文明（特别是地缘政治中）相对边缘地位的两国的博弈模式加以类比，反映出的是比较视野及其背后之世界想象的高度局限性，诚所谓“戏论”者。

如果说伯罗奔尼撒战争对理解国际关系有可借鉴之处，那它恰恰不适合用于解释真正的大国博弈关系，倒是有助于理解在旧体系的主导国家逐渐衰落、旧有秩序格局渐趋失效的背景下（如公元前5世纪的波斯之于地中海世界），地区强国（如雅典与斯巴达）之间冲突的激化，典型的例子如伊朗的伊斯兰革命后，美国在海湾地区的影响力被严重削弱的背景下爆发的“两伊”战争，以及苏联解体与冷战结束后，原本掩盖在美苏两极对峙格局下的各种地区矛盾的集中爆发。

美国的内在设定：政治认同与公民宗教

与之前的帝国所不同的是，美国由于建国历史较短，且成员来源复杂，在确立自我价值体系的过程中，相较于一般性的历史—文化因素，对政治共同体的认同被赋予了无与伦比的重要性。这种政治认同的核心在于，美国的成员无论出身于何种族群，都会因认同美国这一政治共同体而放弃原有身份，成为美利坚民族的一员。在此意义上，政治国家认同在时间上与理念上均优先于民族身份认同，美国尽管被称作“民族大熔炉”，但对政治共同体的创建史乃至政治共同体缔造者更具有神圣化态度。

这种认同对于美国而言，可谓短处与长处俱在于此。一方面，它可以使得具有极为不同的历史、文化、族群背景的成员绕开这些差异，通过对现实存在的政治共同体的认同达成基本共识。政治认同伴随着政治共同体的不断成长、扩张而进一步得到强化，而这种强化的价值认同又会促进政治体的稳固与发展，由此构成一种良性的循环。另一方面，由于政治认同始终伴随着政治共同体的现实扩张，一旦这一扩张停滞，政治共同体—政治认同的循环将由良性转化为恶性，政治共同体的虚弱会引致政治认同的降低，这一负面趋势同样会自我强化。这与具有悠久文明的国家和民族在危急存亡之际反而更能凝聚人心、激发志士仁人为之献身的情状恰好相反。

美国的政治认同，贯穿于政治实践、学校教育、公共事务乃至日常生活之中，且往往与其特定的宗教教育融为一体，被赋予了类宗教式的神圣意味，或者说，化作公民宗教的内核。所谓**公民宗教**（**Civil Religion**），意味着基于公民身份与政治现实的精神追求，它赋予政治共同体神圣—普遍意义，构成了一种社会信仰和象征体系，体现于道德伦常、礼俗风纪、成文法与不成文法之中[11]。最早提出公民宗教概念的卢梭认为，它根植于世俗化而非任何一种具体宗教的化身，其内容更接近于某种普遍的感情而非宗教教义[12]。

然而，即便**政教分离**的原则在美国早已确立[13]，但在现实中，以亚伯拉罕宗教（包括基督教、伊斯兰教等）为底色的信仰与想象一直深嵌于美国式公民宗教之中。1961年第35任美国总统约翰·肯尼迪（John F. kennedy）的就职演讲，被美国社会学家罗伯特·贝拉（Robert N. Bellah）在《美国的公民宗教》一文中视作公民宗教之典型案例。演讲在开头与结尾中三处提到上帝，既包含以总统的权责联结人民与上帝之义，也可将其比之古犹太的先知与耶和华重续盟约[14]。这种神圣的盟约贯穿了美国的立国精神，自《独立宣言》以来一直存在于美国人民与上帝之间。例如，林肯及肯尼迪的遇刺身亡，象征着耶稣受难在人类历史中的再现（与政治认同不同，公民宗教可以成为献身的动力）。这不仅加深了美国与上帝的盟约关系，也进一步确认了美国作为“美利坚的以色列”“神诺的土地”“新耶路撒冷”，美国人民作为“上帝的选民”的神圣意义。而美国公民宗教的终极关切正在于“将美国建设成上帝心目中的完美社会，并成为**照亮万国的明灯**（a light of all the nations）”[15]，这显然又与美国作为“**山巅之城**”（见注释2）的想象紧密相关。上述美国公民宗教的核心意象，带有如此浓重的犹太教—基督教印记，绝非如卢梭设想的与具体宗教无关。

贝拉的这一文本之所以对理解美国式的公民宗教与政治认同如此重要，正在于他并非一名持保守立场的宗教民族主义者，而是带有进步主义色彩的知识分子。前者融合了帝国热情与天启宗教，认为美国肩负着拯救世界于邪恶的责任，引领第二次新生的神圣使命而不惜对外发动战争。后者反对迫害印第安人，反对奴隶制和对外侵略战争（如越战），支持平权运动。因此，他在论述美国公民宗教时流露的优越感与“选民”心态，就更真实地反映出这种公民宗教内在所包含的压迫性质与帝国锋芒。

在此意义上的美国公民宗教，就思想脉络而言，是**新教**的先知传统或希伯来传统（一般指《圣经》的先知和《出埃及记》的命运预言）、**古典共和主义**（以亚里士多德、西塞罗、马基雅维利为主要思想资源）、**古典自由主义**（以洛克为代表）三者结合的产物[16]。就历史与现实而言，则基于美国以政治共同体为根本身份认同，对其赋予宗教式的终极意义。

【注释】

1 关于美国例外主义的问题，参阅 Lipset（1996）*American Exceptionalism: A Double-Edged Sword*；Lockhart（2012）*The Roots of American Exceptionalism:*

Institutions, Culture and Policies, pp. 2-25；Ltike（2013）*Twilight of the Republic: Empire and Exceptionalism in the American Political Tradition*, pp. 5-22；王光华，《何谓“美国例外主义”？——一个政治术语的考察》，《美国问题研究》2016（01）。

（注：全书引文注释，英文著录不注版本，详见参考文献，中文著录第一次注明版本，后面出现该作品时统一省略，全书同。）

2　这种孤立主义倾向常被解释为早期赴美清教徒的带有自我否定性质的愿景：他们要建立的是“山巅之城”，即希望为世界树立榜样，但一定要保持安全的距离；为了置身于腐败的世界之外，需要与老欧洲分割开来，切断欧洲疾病可能传播到美国的纽带。参阅Merk（1963）*Manifest Destiny and Mission in American History: A Reinterpretation*, p. 3；Gilbert（1970）*To the Farewell Address: Ideas of Early American Foreign Policy*, p. 4。美国历史学家罗伯特·卡根（Robert Kagan）指出，这种清教徒式的美国想象是一种严重的误导，早期来到北美的清教徒们“并不是孤立主义者，他们是全球革命主义者”，“清教徒移民并不是要从欧洲撤退：这是一个迂回进攻”，而对早期的美国社会与外交政策而言，比孤立主义、“山巅之城”等更为重要的是“积极的扩张主义与贪婪的唯物主义”，这种贪婪利己的个人主义“一点也不神圣，也不和平，当然也不‘自我否定’”。参阅卡根，《危险的国家：美国从起源到20世纪初的世界地位》，社会科学文献出版社，2011，第一章，引文见3页和7页。

3　关于门罗主义与威尔逊主义的内在关联，参阅章永乐，《威尔逊主义的退潮与门罗主义的再解释——区域霸权与全球霸权的空间观念之争》，《探索与争鸣》2019（03）。

4　罗马并无希腊所特有的政体轮回经历，也不曾在民主制、寡头制、僭主制之间进行有意识的选择。罗马军队所具有的极为严格的等级结构，将公民兵完整地吸纳到体制中，从而造就了公民对以元老院为代表的绝对权威的高度认同，这由罗马共和国（及帝国）的正式名称“元老院与罗马人民”（拉丁文 Senatvs Popvlvsqve Romanvs）即可分辨：元老院不但作为独立的存在与人民并列，甚至还具有优先地位。参阅芬利，《古代世界的政治》，商务印书馆，2016，160—165页。

5 卢梭，《社会契约论》，商务印书馆，1994，145—159页。

6 Kenyon（1966）*The Stuart Constitution, 1603-1688*, pp. 21-23；波考克，《众国、共和国与帝国——早期近代视野中的美利坚合众国》，《共和主义：古典与现代》（《思想史研究》第二辑），上海人民出版社，2006，48—50页；波考克，《马基雅维利时刻：佛罗伦萨政治思想和大西洋共和主义传统》，译林出版社，2013，377—388页；波考克，《古代宪法与封建法：英格兰17世纪历史思想研究》，译林出版社，2014，283—290页。

7 美国第四任总统詹姆斯·麦迪逊（James Madison）在《联邦党人文集》第十篇中，将民主政体解释为公民自己直接进行统治，而将共和政体极具新意地界定为公民由选任的代表进行统治，正反映出美国的建国者想让共和主义理念与政治现实相契合，或者说，让政治现实可以被纳入共和主义之解释框架的迫切愿望。

8 王绍光，《民主四讲》，生活·读书·新知三联书店，2012，25—33页；波考克，《德行、商业与历史》，生活·读书·新知三联书店，2012，394—409页；阿伦特，《论革命》，译林出版社，2014，165—200页，特别是180—194页。

9 这一提法引发了美国国内与国际舆论的强烈反弹，后里根调整说法，称苏联是“与我们有不同价值观的帝国”。

10 Alison（2017）*Destined for War: Can America and China Escape Thucydides's Trap?*.

11 “这种法律既不是铭刻在大理石上，也不是铭刻在铜表上，而是铭刻在公民们的内心里；它形成了国家的真正宪法；它每天都在获得新的力量；当其他的法律衰老或消亡的时候，它可以复活那些法律或代替那些法律，它可以保持一个民族的创制精神，而且可以不知不觉地以习惯的力量代替权威的力量。我说的就是风尚、习俗，而尤其是舆论。”卢梭，《社会契约论》，1994，70页。如果说卢梭意义上的社会契约是政治共同体的基础，人民的“公意”是社会契约的基础，那么公民宗教则是“公意”的基础，是“公意”的神圣—超越形态。

12 公民宗教的“条款并非严格地作为宗教的教条，而只是作为社会性的感情，没有这种感情则一个人既不可能是良好的公民，也不可能是忠实的臣民”，这些条款包括相信“全能的、睿智的、仁慈的、先知而又圣明的神明之存在，未来的生命，正直者的幸福，对坏人的惩罚，社会契约与法律的神圣性”。卢梭，《社会契约论》，1994，181—182页。

13 1791年通过的美国宪法第一修正案确立了联邦政府层面政教分离的原则，美国第三任总统托马斯·杰斐逊（Thomas Jefferson）将之称作在宗教与政府之间设立的彼此分离的“墙”，但对于州一级政府尚无法律约束力，直到1947年美国联邦最高法院通过艾弗森诉教育委员会案，正式将政教分离条款列入美国《权利法案》，才明确“联邦政府或者州政府不能创立一个宗教，不能通过法律程序帮助某个宗教或所有宗教，也不能喜欢某个宗教而排斥另一个宗教”。

14 “誓言是总统的就职誓言，包括承诺捍卫宪法的义务。他在人民和上帝面前宣誓。那么在宪法之外，总统的义务也延伸到人民和上帝。当然，美国政治理论把国家主权归于人民，但在或隐或显中，却把终极主权归于上帝。这正是那句格言‘以上帝的名义承诺’和对国旗宣誓时说‘上帝明鉴’的意思。”参阅贝拉，《美国的公民宗教》，《原道》2006（01）（122—130页，引文见126页）。

15 贝拉，《美国的公民宗教》，2006（132—141页）。

16 Gorski（2017）*American Covenant: A History of Civil Religion from the Puritans to the Present*，将美国的公民宗教传统解释为新教主义与古典共和主义的结合，而将古典自由主义基本排除在外，这很大程度上源于剑桥学派对美国建国思想中古典共和主义占主导地位的解释，如波考克，《马基雅维利时刻：佛罗伦萨政治思想和大西洋共和主义传统》，2013，其中的相关论述：联邦党人的思想主要是亚里士多德主义的甚至中世纪式的而非洛克的。关于剑桥学派这种理论的尖锐批评，参阅庞格尔，《“古典共和主义”与美利坚立国：一项批评》，《共和主义：古典与现代》（《思想史研究》第二辑），上海人民出版社，2006。

第 二 章
世界体系与霸权兴替：13—20世纪

何谓霸权：西方语境下的渊源

在现代汉语语境中，霸权一词带有鲜明的批判与贬斥意义。霸权和霸权主义，类似于帝国和帝国主义，始终是一种带有高度政治性的概念（使其与霸凌这样的概念区分开来），能激发丰富生动的联想。实际上，霸权的本质是阶级分析法在国际关系领域的使用，霸权与反霸权的斗争根本上反映的是世界范围的阶级矛盾与阶级斗争。

在西方语境中，霸权具有极为复杂的内涵：既是一股带有压迫—征服意味的强力，也是一类建立在此强力基础上的统治—支配秩序，更是一种领导权对另一种领导权的认同或反抗。现代西方语言中的霸权一词（英语 hegemony，法语 hégémonie，德语 hegemonie，意大利语 egemonia），**源自古希腊语 ἡγεμονία（hēgemonía）**；它与名词 ἡγεμών （hēgemōn：领袖；先行者）、ἡγεμόνιος（引领的；指引的。在荷马史诗中常作为众神使者赫尔墨斯的头衔），均出自动词 ἡγεῖσθαι（hēgeîsthai：率领；引导）；它与拉丁语 sāgīre（迅速敏锐地感知）、哥特语 sokjan（探索；请求）可共同回溯到古印欧语*seh_2g-(e)ie-（追踪；发现）。[1] hēgeîsthai 在意义上接近拉丁语 ducere（引导；指引），而不同于表拖拽之义的 trahere（二者之差别可参考古希腊斯多葛哲学学派的名言 fata volentem ducunt，nolentem trahunt“命运引导心甘情愿者，裹挟不情愿者”）。在 hēgeîsthai 基础上构成的名词 hēgemonía，本义是某种基于引导—引领而产生的权力—权威，进而发展出强制、暴力、征服、统治的含义，并逐渐演化为帝国的同义语。

在后来的语境中，尽管源头的引导—引领之义淡化了，但从未完全消失。因而，霸权一词的使用在很大程度上是中性且略带肯定意义的。

在20世纪，霸权概念引发西方学界带有马克思主义色彩的人士的高度重视，在其创造性的使用范围中，霸权成为与帝国—帝国主义密切关联又具有显著差异的理论范畴。西方马克思主义早期重要代表人物安东尼奥·葛兰西（Antonio Gramsci）延续了由列宁提出的“政治领导权”的概念，提出了**整体性的霸权理论（teoria dell’egemonia）**[2]。葛兰西区分了政治社会与市民社会的不同权力运作模式：在政治社会，典型的权力表达是“用以控制民众使之与一定类型的生产和经济相适应的专政或其他强制机构”，而在市民社会，权力则体现为“通过教会、工会或学校等所谓民间组织行使的、某一社会集团对整个国家的领导权”[3]，前者对应“统治”，后者则是“精神和道德领导”。有效的霸权，不但能镇压或消灭自己的反对派，更能渗透进入社会普遍意识，**被从属阶级及大众接受与认同**。[4]因此，霸权不但是一种政治社会的政治权力，也是 / 更是一种市民社会的广义的意识形态权力或者说文化霸权，包含宗教信仰、学校教育、文学艺术、价值规范等诸多内涵。文化霸权是政治权力的基础，政治权力是文化霸权的保障，二者互为支撑又具有相对的独立性。正是在此意义上，葛兰西提出，**国家=政治权力+市民社会**[5]（egemonia corazzata di coercizione），换言之，国家是受双重盔甲保护的霸权。

葛兰西的霸权概念同样为世界体系学派所青睐，特别是美国历史学家伊曼纽尔·沃勒斯坦和意大利社会学家乔万尼·阿瑞吉，霸权的使用范围则从国家层面拓展至国际关系领域，成为他们分析世界体系自16世纪以来之演变过程的重要理论范畴。国际关系意义上的霸权，是指一个支配群体在领导社会发展的过程中成为普遍利益的承担者并获得从属群体的认可。因此，霸权不只是简单的支配，更意味着通过从属群体的认同额外获得的权力，即一种“**权力膨胀**”（与必须要借助武力威胁才能实现统治的“权力紧缩”相对），它源于支配群体拥有的获取普遍信任的能力，将统治令人信服地呈现为既符合自身利益，也符合从属群体的利益[6]。对照传统汉语语境，这个意义的霸权与儒家对春秋五霸之评价有相通之处（霸，把也，言把持王者之政教），如果参照孟子所谓的“以力假仁者霸”“以德行仁者王”，霸权的含义则介于以德教为主的王道与以强力为胜的霸道之间。

国际关系中的霸权，包含着某种内在的**自我否定**机制。上述的霸权意味着支配群体即主导性国家通过自己的成就，将从属群体即其他国家引导到自己的发展道路上，并使之相信，这种发展道路符合他们的自身利益，从而引发其他国家效仿主导国家的发展模式（这种效仿是典型的基于认同的服从）。如果效仿取得成功，便产生了与之竞争的对手，这会削弱主导国本身的强力，动摇其维系霸权的权力基础；如果效仿长期无法成功，模仿者始终处于落后地位，则会削弱对主导国的发展道路的认同，动摇霸权的意识形态基础。这二者又可以结合在一起：少数成功效仿的国家成为霸权的有力竞争者，而大多数无力效仿或效仿失败的国家则陷入对霸权的质疑，服从乃至加入新兴强国来挑战既有霸权。

这种内在否定性，是所有霸权国家无法逃避的命运，最终将导致霸权的终结。

现代世界体系的开端：13—16世纪

沃勒斯坦通过四卷本的皇皇巨著《现代世界体系》，展示了一个自16世纪以来形成的、以欧洲为中心进而扩展到全球的“现代世界体系”。

在讨论这种现代世界体系相对于此前存在的世界帝国及各类超国家体系的特殊性时，沃勒斯坦认为，一方面，可看成是其主要活动和殊异之处的，就是**持续的资本积累**，似乎在此之前没有一种历史体系具有可类比的、保证社会无限发展的规则[7]。另一方面，（1）**中心—外围结构**，（2）**经济扩张—收缩之A—B阶段**，（3）**霸权—竞争关系**，这三大特征作为一个整体是现代世界体系独有的模式[8]，在此基础上又可进一步扩展为**六大事实**乃至**12项特点**以描述资本主义世界经济[9]。

但事实上，从时间维度看，无论是持续的资本积累还是中心—外围结构、扩张—收缩之A—B阶段、霸权—竞争关系，均并非只存在于16世纪以来的欧洲，而是同样适用于之前的世界[10]。世界体系及世界文明共同体并非源自近代以来的欧洲，而是至少可以上溯到公元前1500年，甚至公元前3000年即**5000年**以前[11]。

从空间维度看，16世纪以来的世界体系，根据不同的生产方式及所对应的地区形成了**内部的等级制度**[12]：霸权核心区位于以资本主义生产方式为主的西北欧，以农业为主的东欧与南欧成为半边缘地区，而欧洲之外处于前资本主义或资本主义萌芽状态的世界其他部分，则沦为内嵌于世界经济的**边缘地区**，或尚未被纳入这一体系而成为霸权核心区争夺对象的**外部竞技场**[13]。伴随欧洲所接触与主导的世界范围的逐步拓展，越来越多的外部竞技场被纳入世界体系，成为新的边缘地区。[14]

这种对于当下的世界依然有着深刻影响力的现代世界体系，如果其“现代”特性及相较于此前的世界体系的最大差异，是**资本主义生产方式在西欧的确立**[15]，那么原本相对于中东地区长期处于落后地位的西欧，能获得发展资本主义的便利条件和优越地位（特别是对几条重要的海上商道的控制），其原因无法仅仅归结于**自身所具有的某些特质**（制度的、文化的、心理的）[16]，而需要考虑外部势力的介入。某种程度上，16世纪以来的西欧是**蒙古帝国**崛起并征服大半个亚欧大陆这一历史过程的产物：蒙古的远征使得**亚欧大陆**空前紧密地连接起来，并全方位地影响了那一时期的中华文明圈、南亚次大陆文明圈、草原文明圈与地中海文明圈的格局。[17]以此为契机，促成了一种足以被表达为世界体系的国际关系的发展。

沃勒斯坦的现代世界体系学说，以14—15世纪的欧洲所遭遇的混乱与危机为源头，他认为正是在这种危机中生成的**民族国家与资本主义**，帮助欧洲摆脱了危机，并得以构造出以自我为中心的世界体系[18]。但这一时期欧洲所遭遇的危机并非孤立的，而是13世纪世界体系之整体性危机的一部分。欧洲应对危机并最终摆脱危机的道路同样不是孤立的，而是原有体系的活性在危机中（甚至可以说借着危机）的转化与再生。也就是说，16世纪的世界体系是从13世纪的世界体系中生长出来的，是在13世纪世界体系基础上的大重组。如同美国社会学家珍妮特·阿布—卢格霍德（Janet L. Abu-Lughod）所言，**当边缘地区开始占据世界体系中更加有利的**

位置，此前微不足道的地区成为互动的焦点甚至权力中心后，这种重组就会发生[19]。

欧洲在16世纪后的崛起，是人类历史不断上演的“边缘突破”的再现，与公元前7世纪后作为欧洲文明源头的古希腊，在以美索不达米亚为中心的地中海文明区的轴心突破几乎如出一辙。正如**古希腊文明的突破**是以波斯帝国（作为此前亚述帝国和新巴比伦王国的继承者）的崛起与地中海世界的整合为背景展开的[20]，16世纪的西欧上升至世界体系的主导地位，或者说世界性的欧洲发展，是以13世纪蒙古帝国所带来的亚欧大陆空前规模的整合（或称在更具戏剧性与预言性意义上的“一体化”）为前提的。这比14—15世纪的欧洲危机更有理由被称作现代世界体系的真正源头。

与16世纪以来由单一核心区主导的世界体系不同，13世纪世界体系拥有着不同的内在结构与组织原则。[21]这一体系自12世纪末开始形成，于1250—1350年保持繁盛，涵盖从西北欧到中国的广阔区域，包含亚欧大陆的绝大部分与非洲北部的一部分，汇集着那一阶段世界上占绝对主导地位的各种政治、经济、文化的力量。它有着若干个亚体系，以及**不止一个核心区**[22]：蒙古帝国包括元朝在内形成的超级力量，是东方的核心；经历了蒙古的征服却使其退却的阿拉伯—波斯地区，是世界中部的核心；相对于中东地区依然落后、但已逐渐发展起来的西欧（**佛兰德斯**[23]、法国、意大利），是西边世界的核心。每一个核心区都有着相应的半边缘—边缘地带，而在核心区之外，还存在具有相当影响力的亚帝国势力，如印度北部的德里苏丹国、印度海岸的商人社区、东南亚港口群等。众多共存的力量构成并维系着13世纪的世界体系，并在长达百年的时间里保持良好的运作。

13世纪的世界体系，既伴随蒙古帝国的崛起与远征而成就，也因蒙古帝国的衰落与崩离，而陷入严重的危机并最终瓦解。自14世纪40年代以降，蒙古政权统治下的广阔区域内出现了**黑死病**（及其他大型传染病）的大规模传播[24]，造成人口的大幅减少与严重的政权动荡，各地都兴起了反抗蒙古政权的斗争。1368年，明王朝正式建立，同年8月攻占元大都，元朝灭亡后，蒙古帝国在亚欧大陆的统治受到了决定性的打击。而蒙古帝国的消亡严重影响了中国与中亚腹地的陆路连接，中国东南港口与印度洋的海上通道也受到了相当程度的破坏。发生在13世纪世界体系的东方核心区的变化以及此后中国内卷化的发展态势，以更为剧烈的方式引发了与之相关的半边缘—边缘地区的一系列变化，13世纪以来的世界大贸易圈变得难以为继。通过各种方式传播到欧洲的黑死病，更是造成了空前的灾难，夺走了2500万欧洲人的性命，占当时欧洲总人口的三分之一！世界体系东西两端的核心区都在14世纪中叶后陷入危机，使得亚欧地区的生产力出现了严重的倒退，从而造成整体世界体系的瓦解。这种瓦解，既意味着原先连接这一体系各个部分的旧途径丧失了效力，也预示着各个部分不得不进入新的整合过程，探索建立新的连接方式，直到完成一种根基性的重组。

欧洲霸权的先声：热那亚与威尼斯

13世纪世界体系中，欧洲的**亚体系**由三个主要部分构成[25]：一是由法兰西中东部的四个城镇（特鲁瓦、普罗万、拉尼和奥尔河畔巴尔）所主导的香槟集市；二是佛兰德斯的纺织品生产区——以根特为工业中心，以布鲁日为商业和金融中心；三是意大利半岛的国际贸易港口——以热那亚（朝西）与威尼斯（朝东）为代表。

香槟集市的兴起，是代表工业的低地国家与代表对外贸易的意大利地区，在位于彼此之间的某个地点进行财富交换的结果，并在13世纪世界体系中扮演着欧洲贸易的商业中心地位。[26]受到多重因素的综合影响，在13世纪世界体系瓦解的过程中，它也陷入严重的衰退[27]，原先承担的集市活动功能很大一部分转移到了法国里昂。但是，曾经造就香槟集市兴起与繁荣的工业基础及商业力量，并未伴随香槟集市的衰落而消散。

1250—1320年，欧洲及其地中海周边地区对纺织品需求的大幅增长，使得**佛兰德斯**作为纺织业中心的地位得以凸显。正是在这一时期，集中在根特的纺织工厂发生了一系列工业技术进步的现象，这不仅极大地推动了生产规模的扩大与生产力水平的发展，也形成了早期的资产阶级与工人阶级的对立与斗争，某种程度上，这是欧洲发生的第一次工业革命，并且是带有**资产阶级性质的工业革命**[28]。佛兰德斯纺织业所需的羊毛原料大都源自英国，这是当时尚处于欧洲边缘地区的英国与欧洲中心区保持联系的重要方式，佛兰德斯对英国原料的高度依赖也导致该地区伴随英国本土纺织业的崛起而逐渐没落。

与佛兰德斯多数地区仅依赖纺织业不同，布鲁日还兼有商业贸易与港口运营的功能。13世纪晚期，来自意大利城市国家（city-state，即城邦）的商人不再借助香槟集市的中介，直接与布鲁日建立联系。这既导致了香槟集市的加速衰落，也让当时人口仅有4万的布鲁日成为具有国际影响力的重要城市。大批意大利商人定居于此，使其发展为当时欧洲真正的贸易中心，他们不仅带去了意大利的贸易组织方式，即国外分支机构的**代理商制度**（这是后来跨国公司的先声），也带去了**国际性的货币与银行业务**，特别是先进的银行体系，包括作为国际贸易重要创新形式的汇票制度[29]。在整个佛兰德斯的纺织业出现衰落后，意大利的资金开始转移，布鲁日的中心地位也逐渐让位于比利时安特卫普。

13—14世纪中叶，佛兰德斯的发展已经包含工业资本主义（根特为中心的“工业革命”）与商业资本主义（布鲁日为中心的贸易与货币体系）的双重逻辑。但是，佛兰德斯逐渐陷入对意大利资本的依附（这是后来不断发生的跨国资本掌控特定国家的早期故事版本），使得它在遭受黑死病的沉重打击后未能恢复元气。佛兰德斯的命运，突出了意大利城市国家对那一阶段欧洲亚体系的决定性作用。

经历了罗马帝国的衰亡及最终崩溃，原本作为帝国核心的意大利地区，在此后的数百年中，饱受“黑暗时代”之苦，沦为欧洲落后的边缘地区，直到**1095年第一次十字军东征**。[30]十字军东征持续近两百年，由此引发的东西方之间的对峙绵延至今。然而，如果拨开掩盖在这一事件上的宗教迷雾，可以清晰地发现，对于世界体系而言，它所带来的最大变化是，将西北欧与中东、中亚、印度、中国等地区连接起来，使这一边缘地区重新整合到世界体系之中。在此期间，与东方直接接触后掠夺的财富和商品的需求，意大利人在黎凡特地区建立的飞地，都使得意大利沿海城市之战略地位和综合实力得到极大的提升，也促进了造船业与航海技术的大发展，**意大利由此成为连接西北欧与广阔东方的枢纽**。[31]

热那亚与威尼斯便是这一时期意大利沿海城市中最具代表性的。自13世纪后半叶起，位于意大利西海岸的**热那亚**，借助蒙古帝国对中亚的控制，获得了自欧洲经中亚前往中国之贸易线路中黑海终端的半垄断权，并于1293年击败此前掌控直布罗陀海峡的穆斯林势力，确立了热那亚与布鲁日之间稳固的直接贸易联系。位于意大利东海岸的**威尼斯**，则于13世纪后期建立并强化与埃及马穆鲁克政权的关系，在1291年马穆鲁克王朝夺回十字军在亚洲的最后据点阿卡（今以色列城市）后，双方之间的合作关系对于威尼斯显得尤为重要，因为红海航线成为地中海与印度洋之间唯一可行的通道。

威尼斯与埃及进行政权合作后所垄断的这条欧洲通向南亚的路线，使其在14世纪后期欧洲—中东的整体贸易往来减少的情况下，自身所占的贸易份额却有所增长，从而能够从黑死病的沉重打击中艰难地恢复过来（1347—1349年，威尼斯大约有五分之三的居民死亡），热那亚则未能幸免于难。[32]二者的不同命运，一方面源于内在制度与精神层面的差异：在经济萎缩期，热那亚所奉行的**个人主义原则**难以有效调动公共资源，而威尼斯则坚持通过政府向商人提供**公共产品—公务服务**帮助其渡过难关。[33]另一方面，则源于13世纪世界体系的瓦解对于二者的不同影响：热那亚控制的**中亚路线**伴随蒙古统治的瓦解难以维系，而威尼斯则始终能通过**红海—埃及**维持东方的贸易。[34]1380年热那亚海军被威尼斯海军决定性击败，1381年签订的《都灵合约》强化了威尼斯经由南线对亚洲贸易的控制权，从此热那亚被排挤出与黎凡特地区的贸易，彻底丧失了海上强权。

进入15世纪后，失去了外部争霸动力的热那亚主要有几个表现：政治动荡，货币过剩，新的货币手段出现[35]。正是在这个时期，**热那亚资本**在伊比利亚半岛击败了加泰罗尼亚资本，成为这一地区的金融主宰。热那亚通过与**卡斯蒂利亚王国**建立牢固的联盟，获得了从西班牙南部港口出口羊毛的统治权，进而赢得卡斯蒂利亚商业体系的主导权，对16世纪西班牙的发展历程产生了决定性的影响[36]。

哈布斯堡王朝统治下西班牙的崛起，是热那亚国际资本与卡斯蒂利亚与阿拉贡合并而成的**绝对主义国家**[37]结合的产物。热那亚希望寻求强大的政治力量为其提供有效保护，从而摆脱因与威尼斯争霸失败而陷入的孤立境遇。伊比利亚半岛的新兴地主阶级统治者，他们集宗教狂热、政治野心与工商业头脑于一体，正在寻找能使其从欧洲一隅上升为世界力量的长期助力。[38]二者的结合，对于后世最为深远的影响之一是通往东方的大西洋航线的开辟。大西洋航线最初只是对已经失效的中亚路线的替代，但伴随着横渡大西洋达到美洲与绕道非洲南部到达印度的地理大发现（不完全出于巧合的是，作出标志性贡献的哥伦布正是热那亚人），传统欧洲视野中居于核心地位的“老”地中海让位于“年轻”大西洋，进而带来整个世界体系的结构性巨变。

热那亚与威尼斯，即便在其全盛时期，本身也不构成西北欧的霸主，更不必提世界体系意义上的霸权。但是，它们的实践对于16世纪之后的欧洲霸权具有极为重要的先行示范意义，或者说，提供了一种欧洲主导的世界体系的基础框架。

1. 在金融领域的创新，如以公债制度取代税收，联合股份公司性质的尝试，复式记账法与恒定记账单位的推行，充分的支付手段（如支票、汇票），现代性质的银行体系建设，等等。这些方式与跨地区远程贸易结合后，使得此前无法想象的巨额融资成为可能，从而极大地强化了相关国家的实力，并成为欧洲主导世界体系的重要经济手段。

2. 在新的历史条件下再现了古希腊时代的**雅典帝国主义**，即通过控制重要商业航道实现对相关地区的支配[39]，这一原则在后来的世界体系中，演化为以海权支配陆权的统治模式。

3. 意大利城市国家源于当时欧洲教皇与各主要国家君主之间力量的均势，这些城市国家间长期独立与自治的状态源于国家力量的均势，西欧各国的发展源于封建主义与资本主义的均势。这使得均势变为一种重要的**统治机制**，这一机制与外交网络结合起来，实现了世界体系的重塑。[40]

4. 以成本—收益分析法（或称经济利益考量）为核心的威尼斯道路，将资本逻辑与帝国逻辑加以结合的热那亚道路/西班牙道路，代表着后来世界体系的霸权国家所对应的两种不同倾向，在荷兰、英国、美国的霸权身上，都能发现作为先声的威尼斯与热那亚的痕迹。

荷兰霸权与威斯特法利亚体系

荷兰的崛起，相对于拥有广阔领土的西班牙帝国，不得不说是一种奇迹。它既直接对应了西班牙帝国的危机与衰落，又进一步加剧了这种趋势并使其变得不可逆。

在查理五世统治期间（1516—1556年），西班牙成为统治着伊比利亚半岛、意大利、尼德兰、弗朗什—孔泰的欧洲第一大国，同时还掌握着广阔的美洲殖民地。然而，源于卡斯蒂利亚王国与阿拉贡王国合并而来的西班牙王权，也深刻地受限于这两个部分根深蒂固的差别与体制上的不对称[41]。西班牙的绝对主义或中央集权几乎完全聚焦于卡斯蒂利亚，而阿拉贡（其中阿拉贡、加泰罗尼亚、巴伦西亚三地都有着各自的议会与派生机构）则始终是阻碍中央集权的顽固堡垒，对外呈现帝国形态的西班牙内部却远未统一，甚至没有建立一致的货币体系。即使在西班牙对外征服的过程中，由于司法上美洲的殖民地属于卡斯蒂利亚，意大利南部则属于阿拉贡，二者的分裂状态通过海外领地反而被强化了。

这一时期，跨越大西洋的**海上贸易**急剧增长，来自美洲的贵金属（首先是黄金，然后是白银），自16世纪初以空前的规模输入欧洲。[42]从“新世界”涌入的超级财富，却使还沉浸在“旧世界”的发展惯性中的西班牙经济陷入长期的停滞。[43]殖民地经济的巨大需求与超额利润，令西班牙走上压缩谷物种植、牺牲羊毛产业转而生产葡萄酒与橄榄油的道路。随超大规模贵金属输入而来的严重通货膨胀，令卡斯蒂利亚的纺织业无法保持足够的竞争性。农业与工业让位于寄生性经济和过于早熟的“第三产业”，使得财富无法用于提高生产力水平和推动产业升级。这些都意味着，更大规模、更高水平的新型经济结构无法有效生成，而旧的经济结构与社会结构却被毫不留情地冲垮了。**西班牙失去了发展资本主义的优势，沦为整个西欧地区的落后成员**。[44]

借助热那亚资本与西班牙政府建立的**三角机制**[45]，即热那亚商人将到达塞维利亚的美洲贵金属转送到意大利北部，换取黄金与汇票后，交给西班牙政府，使西班牙在16世纪得以进行一系列的**对外战争**。就战争的总体效果而言，呈现为南方胜利、北方失败的格局[46]，但战争的费用几乎只由卡斯蒂利亚（及其背后的美洲殖民地）来承担。美洲的空前规模的贵金属以及热那亚的巨额融资，支撑了西班牙帝国在查理五世与腓力二世时期如此众多且颇具规模的战争，但也正是这些战争最终拖垮了西班牙帝国（在这两位君主的统治末期，都出现了国家财政破产的情况）。其中，尼德兰地区爆发的资产阶级革命不仅是对西班牙帝国的长期财政压榨与宗教迫害的反抗，也促成荷兰霸权登上历史舞台。

即便在1566年尼德兰革命爆发后，派兵前去镇压的西班牙政府仍没有意识到，这会成为整个帝国命运的转折——尽管付出巨大努力，西班牙依然无法控制尼德兰地区的反抗，1581年尼德兰联省共和国（荷兰共和国）成立。在与西班牙的斗争中，拿骚的莫里斯（Maurice of Nassau）进行了具有深远影响的**军事改革**[47]，将荷兰军队改造为实行长期服役制度的常备军，推行科学管理，改革攻防战术，缩小战斗单位，在古代罗马人军团体制的基础上发明了莫里斯横队这种新型战斗队形，组织起具有严明纪律与较强战斗力的军队，从而在陆战中与拥有优势兵力的西班牙军队抗衡。

但是，真正对荷兰霸权的确立具有根本性意义的，是其**海上优势**。在起义初期，荷兰人就组成了被称作“海上乞丐”的海上游击队，不断骚扰并袭击西班牙的海运船只。由于西班牙的经济高度依赖从美洲运来的财富，这一灵活机动的海上游击战术，导致西班牙的财源大量流失，从经济基础上削弱和动摇了帝国的统治。荷兰人对海上传统的吸收及其拥有的先进造船技术，在当时的欧洲具有明显的优势，这种优势使其能够很快地控制了波罗的海的贸易，尤其掌控了具有重要战略意义的粮食供应与海上军需品交易。西班牙帝国凭借美洲财富在欧洲挑起的战事越多，战争各方对波罗的海的战略物资的需求便越大（旧的地中海贸易完全不足以提供这些物资），荷兰的力量也就变得越强。通过控制波罗的海所带来的巨大利润与便利交通，荷兰将阿姆斯特丹打造为欧洲的货物集散中心，进而发展为商业与金融中心。在这种国际贸易的格局下，波罗的海的粮食与军需，西班牙从美洲运来的白银，共同构成了荷兰的财富基础。[48]

当财富积累到一定程度，加之商业体系在全球范围的扩展，才真正成就了荷兰的霸权地位。在此过程中，阿姆斯特丹交易所与以荷兰东印度公司为代表的特许经营公司，是两项最为重要的制度性创设。

17世纪初成立的阿姆斯特丹交易所，虽然并非欧洲最早的交易所（此前在热那亚等地已有不少证券交易所），但以其交易量、市场的活跃度、引发的社会关注度和交易的自由投机程度，在诸多交易所中脱颖而出，吸引了整个欧洲的流动资金，从而进一步巩固和加强了通过波罗的海贸易获得的流动性金融优势。阿姆斯特丹将商品交易与商品投机集于一身，引发当地的货币需求大增，这种扩大了的货币需求引发欧洲范围的剩余资本进一步涌入，由此阿姆斯特丹交易所汇集了来自欧洲各地的商业与政府组织的成员，阿姆斯特丹成为真正的**欧洲商业与金融中心**[49]。

在阿姆斯特丹交易所第一只上市的股票，来自1602年组建的荷兰东印度公司（荷兰语Vereeinigde Oost-Indische Compagnie，简称VOC）——荷兰在17世纪早期设立的一批特许经营公司中最重要的代表。特许经营公司这种形式，源头可以追溯到热那亚在13—14世纪对外扩张时将战争与立国的职能交予私人营利性组织的做法[50]，本质是特定公司被政府授予在特定地区的贸易专营权，并承担这些特权所必需的战争与国家功能。这种特许经营公司并非荷兰所独有（英国的东印度公司在1600年即获授权），但荷兰东印度公司是17世纪此类公司中最成功的一个。它不仅被荷兰政府授予在好望角以东、麦哲伦海峡以西的广阔区域的贸易垄断权，也被赋予组建军队、建立基地、宣战缔和、兼并土地和管理殖民地的权力。荷兰东印度公司在成立后长达一个多世纪的时间里，垄断了印度洋的香料贸易，在此过程中，它在印度尼西亚的巴达维亚（即雅加达）建立总部（1619年），进而控制了马六甲海峡（1641年），占领锡兰（1658年），一度还占据中国台湾（1627—1662年）。东印度公司垄断印度洋香料贸易所带来的巨大而持续的现金流，通过资本市场的循环与放大，极大地推动了荷兰商业与金融在全球范围的扩张。[51]东印度公司的股票作为阿姆斯特丹交易所长达百余年的蓝筹股，使欧洲的各类资金被吸引并对特许公司股票进行投资，这对阿姆斯特丹成为欧洲乃至全球的金融中心，发挥了决定性的作用。[52]

1621年成立、1674年解散后重组的荷兰西印度公司（荷兰语

West-Indische Compagnie，简称WIC），试图效仿东印度公司，引入了大西洋三角贸易（欧洲制造业集团、非洲贩奴集团、美洲种植园集团），开展以奴隶贸易为核心的大西洋业务，但始终未能取得东印度公司式的成功。

一方面，这反映出13世纪世界体系对16世纪后的现代世界体系的重要影响。荷兰在东印度地区能够如此轻易成功，是由于这一地区长久以来一直是与外界高度关联的**世界经济体的一部分**，那里已经形成了某种适应不同参与者共存的组织形式，具有很强包容性与弹性[53]。16世纪以来西方人在上述地区“贸易+抢劫”的政策，恰恰（在无意间）利用了当地人对旧的共存关系的惯性思维，在长久以来运作良好的采购、运输、销售、交换网络的基础上，以很少的代价便将这一地区强行纳入新的世界体系并使之臣服[54]。而美洲则缺乏这样的商品经济与国际贸易的传统，它在16世纪以前未曾进入以亚欧大陆为核心的世界经济循环，也就没有一种相应的组织来适应突如其来的剧变[55]。

另一方面，源自荷兰霸权内在结构的局限或者说独特之处。虽然荷兰的政治结构已超越了意大利的城市国家（如威尼斯、热那亚），它却并未发展为真正的**民族国家**。它出现于欧洲绝对主义的浪潮中，置身于周边绝对主义国家的环抱，充分地利用了绝对主义国家（特别是西班牙、英国、法国）之间的矛盾壮大自身，却始终没有经历类似的**集权过程**。[56]联合省共和国的政治行为，包括战争与立国的行动，都如此深刻地受到经济逻辑的影响，以至于法国历史学家费尔南·布罗代尔（Fernand Braudel）认为荷兰更像是**纯粹的经济力量**而不是政府[57]。荷兰长期以来对领土扩张的排斥和强有力的中央政府之缺位[58]，都可以从它作为"纯粹的经济力量"去进行解释，荷兰在自身的发展过程中也进一步强化了这种倾向。

在17世纪的黄金年代，荷兰凭借这股纯粹的经济力量，成为欧洲经济体系乃至欧洲主导之世界体系的核心。但这种依照单纯经济逻辑、通过成本—收益关系决定国家行为的倾向，严重地限制了荷兰对自我权力的使用，也使其无法实施超越经济意义的长期战略。荷兰（西印度公司）放弃与葡萄牙争夺巴西以及在美洲进行殖民拓展，正是基于成本—收益决定国家行为的典型例子。荷兰的自我定位，根本上是各种商业活动的"**中间人**"[59]。在欧洲各国向民族国家转型的16—17世纪，这种"中间人"身份令其能够广泛地参与欧洲各国的商业与政治活动，在国际关系中发挥领导作用。

这种领导作用最重要也最具持久影响力的成果，便是1648年《威斯特伐利亚和约》所缔结的新型国际关系——和约既确认了荷兰的主权，也标志着一种新的世界统治体系的出现。**威斯特伐利亚体系**以欧洲国家间的**均势**为内核，确立了以平等、主权为基础的国际关系准则，标志着欧洲彻底告别了存在于中世纪的超越国家的权威，进入以国家间（而非国家之上）的权力运作与博弈为主旋律的时代[60]。在确认各国对自己所辖领土拥有合法主权的同时，明确君主之间的争斗不牵涉平民特别是民间的商业行为，从而使跨国的商业活动与人员往来能最大限度地免受战争影响。**这不但是现代国际**

关系的开端，更是以资本逻辑重组政治空间的创举。[61]这一创造性事件由荷兰主导，正在于荷兰是依照资本逻辑组织起来并将之融入政治实践的国家典型，它既见证了全盛状态的荷兰霸权，也标志着**资本主义世界体系**[62]的开始。

但是，威斯特伐利亚体系所代表的现代民族国家原则，以及此后欧洲主要国家向现代意义上主权国家的转型完成，恰恰意味着荷兰霸权不可避免的衰落。

荷兰霸权及其“中间人”的作用在这种普遍转型的背景下达到高峰，但转型的完成也就紧缩了它作为“中间人”继续发挥作用的空间。荷兰以一个领土意义上的小国，通过发展海上优势、控制国际贸易、聚集国际资本取得的巨大成功，使得在领土上比它更有优势的欧洲国家纷纷走上效仿的道路。这种资本主义道路的效仿与主权国家原则的结合，使得重商主义在17世纪末—18世纪初日益成为欧洲各国的主流。英国所代表的海外建立商业帝国的海上重商主义与法国所代表的建立本国国民经济的大陆重商主义，是重商主义浪潮中最成功的两个典范。它们都倾向于将政治主权扩展到经济领域，将本国的生产与消费连接起来，摆脱对荷兰所代表的国际中介的依赖。**重商主义的成功，使荷兰的商业体系走向决定性的衰落**。[63]而荷兰因国土面积的限制，缺乏足够的人口与劳动力去应对18世纪后欧洲各国间斗争再次升级的局面[64]，连其自身的国家安全都受到与之毗邻的法国越来越强大的威胁。新的经济形式与政治形势，都注定了荷兰要让出其主导地位，英国与法国成为新霸权的主要竞争者。

自18世纪20年代后，尽管荷兰不再是欧洲的商业中心，但依然保持着欧洲金融中心的地位。国际斗争的升级也意味着各国争夺流动资本的升级，这为荷兰进行金融扩张创造了条件。荷兰越来越频繁地向欧洲各国提供贷款，其金融业务的重心也由商品交换转向外国银行业和财务投资，荷兰的金融家在此后的半个多世纪里享受着为欧洲各种政治力量簇拥的优越地位。霸权在衰落过程中，由商业领域向金融领域转移、通过金融扩张维系财富与地位的演化轨迹，在后来的历史上会一再出现。

到18世纪60年代，欧洲各国乃至美洲起义军都向荷兰寻求资金支持。[65]英国作为霸权最有力的竞争者之一，相较其他国家吸引了更多的**荷兰资本**，荷兰成了英国最大的债权国，掌握着很高比例的英国“核心资产”。[66]在1756—1763年英法之间爆发的**七年战争**中，荷兰资本对英国的支持，构成了英国战胜法国的其中一个重要因素[67]（除此之外，英国的战争筹款有很大一部分是通过国内发行债券解决的，其举借能力让当时的欧洲对手瞠目结舌）。对于荷兰而言，这既是基于在英国拥有巨大投资的经济考量，也是针对此前法国试图吞并荷兰之战略意图[68]所作的政治选择（这种选择很大程度上是自身实力衰落的无奈之举）。英国在七年战争中的胜利，不仅让英法两国在霸权争夺中的地位几乎不可逆地确定下来，也预示了这场斗争的最终结局。英国进一步巩固了在欧洲的优势地位，更深更广地将印度纳入统治，并凭借在印度获得的源源不断的超额利润，逆转了它在财政上高度依赖荷兰资本的局面。而失去了整体国力支撑的金融巨人荷兰，在18世纪60年代之后的几次金融危机中备受打击[69]。到18世纪90年代，伦敦取代阿姆斯特丹成为新的金融中心，这一最后堡垒的失守，宣告荷兰霸权时代的彻底终结。

以一种非典型主权国家形态支撑的荷兰，其内在气质与13—15世纪的威尼斯高度相似。16—18世纪，欧洲从中世纪形态向现代国家的过渡状态，使荷兰以小邦掌控大局，以“中间人”身份掌控欧洲经济，借经济力量成为国际政治的领导者。作为资本主义经济的中央调节器的证券市场，将国家权力授予营利性经济机构进行海外拓殖的特许经营公司，以及标志着现代国际关系与资本主义世界体系之双重开端的威斯特伐利亚体系，都是荷兰霸权为世界体系留下的历史遗产。

英国霸权与自由贸易帝国主义

在13世纪的世界体系中，英国处于欧洲的边缘地区，但这一时期的英国拥有在欧洲几乎最为强大的**封建王权势力**，以及**王权与贵族代表权同时集中化**的独特政体结构[70]。这种较高程度的封建集权以及带有岛国特征的对外攻伐的进取精神，使其在百年战争中（1337—1453年）穿越海峡，对法国发动持续的进攻，并在较长时间内占领大片领土。然而进入16世纪后，西班牙与法国绝对主义的发展，使英国基于君主政体实现的实力平衡被打破，因而它无法对欧洲大陆施加实质性影响，并发现自己的陆军实力已明显落后于陆地强国。正是在此背景下，英国利用海洋国家的优势，将重心转向**海军建设**[71]。16世纪80年代，英国海军加速实现了现代化，这对1588年击败西班牙无敌舰队起到了关键作用。尽管这一事件常被视作英国开始成为世界帝国的标志，但事实上这只是英国当时防御性战略的一部分，并未动摇西班牙帝国的军事优势（无敌舰队后来在1597年还一度登陆英格兰本土）。对于英国而言，其象征意义远大于实质性效果；对于世界历史而言，其最大意义恰恰在于配合了荷兰对西班牙的斗争而客观上促成了荷兰霸权的崛起。某种程度上，这也为后来荷兰霸权向英国霸权的过渡埋下伏笔。

荷兰的霸权，特别是它作为一个领土和人口意义上的中小型国家，却通过资本主义道路取得的巨大成功，一方面激发起其他欧洲国家对其发展道路的效仿，另一方面也引发了在领土和人口进而军事实力上更占优势的大国对其进行赶超乃至吞并的图谋。在《威斯特伐利亚和约》签订后不久，英国于1652—1654年、1665—1667年、1672—1674年发动了三次对荷兰的战争，都出于打击荷兰贸易和海上运输的目的，可以视作两个海上强权对海上主导权的争夺战。英国通过前两次战争胜利，获得了巨大的经济利益和部分原属荷兰的海外殖民地（如纽约、新泽西等）。[72]1672年第三次英荷战争，出现了英国从海上打击、法国从陆地入侵的局面。法军攻占乌特勒支、距阿姆斯特丹仅一步之遥的军事胜利，引发了西班牙、奥地利的强烈不安，此时就任荷兰执政的威廉三世与这两个国家结成联盟，使得法国无法实现对荷兰的全部占领。荷兰利用欧洲各国间的均势保全了自身，**英国也意识到，相比荷兰，法国才是真正的威胁**[73]。

路易十四时期法国国力的膨胀及其不加掩饰的扩张野心，反倒促使英国与荷兰这两个曾经的对手摒弃前嫌，建立联盟。1677年威廉三世与其表妹英国公主玛丽的婚姻，标志英荷联盟的确立。1688年，威廉三世应英国国内各方力量邀请，率兵从荷兰进入英国，驱逐詹姆士二世，于1689年签署《权利法案》（the Bill of Rights），与其妻子玛丽被拥立为英国国王与王后。这一被称作**光荣革命**的事件，不但标志着英国资本主义秩序的确立，也使荷兰与英国在名义上处于同一统治者之下。这强化了英荷之间的盟友关系，为荷兰资本大规模进入英国提供了方便。

法国虽然拥有当时欧洲最为强大的**军事力量**[74]，却因外交上的一系列误判，招致欧洲其他国家的联合与忌惮。它被视作欧洲均势的挑战者，也试图主动打破均势，却最终受困于均势之中。无论是大同盟战争（1688—1697年）还是西班牙王位继承战争（1701—1714年），单一军事实力最为强大的法国，均未能在与联合起来的欧洲对手的交战中获得实质性的突破。在其国力最为强盛之际却未实现国际地位相应的上升，这种**国内体制建设和国际扩张的错位**[75]，导致法国错失成为欧洲霸权的绝佳时机。

路易十四为争夺欧洲霸主地位进行的多次大规模战争，削弱了包括荷兰在内的大部分对手的同时，极大地消耗了法国通过绝对主义和工业重商主义所积累的国力，让因岛国的地理优势而远离欧洲大陆战火的英国成为真正的受益者。相对于法国，英国将资源集中投入海军，到18世纪初成为当时世界上最为强大的**海上力量**[76]。而海上力量大幅扩展的背后，是大量资本从荷兰转投英国，英国的**金融业**随之蓬勃发展[77]。这一时期英国的工业扩张趋于停滞，恰好反映出它正集中精力将贸易的主导权从荷兰转移到自己手里。事实上，14世纪末以来**英国工业的三次扩张**（14世纪末—15世纪初，16世纪末—17世纪初，18世纪20年代—60年代），都与国际金融资本的发展有着极为紧密的关系[78]，英国的制造业之舟是借着国际剩余资本涌动的潮水而启航的。

作为英法等国参与的其中一场战争西班牙王位继承战的结果，1713年签署的《乌得勒支条约》使英国获取西班牙帝国的30年黑奴贸易垄断权，以及直布罗陀、米诺卡岛、马翁港、纽芬兰、哈德逊湾的控制权，强化了对大西洋奴隶贸易的掌控，而付出极大代价的法国，却只获得西班牙王位的名义继承权（无法实际继承是因同时规定，法国与西班牙永不合并）。该战争结束后仅一年，1715年路易十四的去世，宣告法国黄金时代的终结，此时，英法之间整体国际地位已发生逆转。此后若干年，荷兰作为英荷联盟中富有而弱小的一方，配合英国的实际盟主地位，荷兰资本的支持也帮助英国在七年战争中获得决定性的胜利。在1763年的《巴黎和约》中，法国被迫放弃加拿大、密西西比河东岸的北美“新大陆”以及印度的控制权，引发了国内对波旁王朝统治的强烈不满，也成就了英国独一无二的殖民霸主地位。

正因为法国威胁的消除，北美拓殖者与英国政府之间的矛盾日益扩大，他们拒绝承担英国在七年战争中的费用，要求更大的自主权。当这种矛盾发展到不可调和之际，北美独立战争于1775年爆发。欧洲的均势传统，这一次促使在此前对英斗争中失败的法国、西班牙结成联盟，成为北美起义者的幕后推手，葡萄牙与荷兰也加入了这一阵营。刚刚获得霸主地位的英国，被欧洲其他国家与北美反英力量的联合所击败，北美革命取得了出乎意料的胜利。这场胜利造成了诸多重大历史影响：北美殖民地获得独立，成立美利坚合众国；英国第一次遭受重大的海外挫折，刚刚获得的独霸地位受到严重挑战；英荷联盟破裂，英国对荷兰的打击加速了荷兰金融中心地位的丧失与东印度公司的破产；法国因支持北美独立战争而陷入巨大的财政危机，导致了1789年法国大革命的爆发。美国的建国与法国大革命作为16世纪以来的世界历史中异常重要的事件，在此后的几个世纪留下了不可磨灭的印记。以1791年海地革命为序曲的拉丁美洲独立解放运动，正是受此二者的共同影响而爆发的。就霸权的角度而言，英国从被迫接受北美独立的惊愕失落中走出后，很快就以贸易的方式在北美获得了在战争中失去的各种利益[79]。英国在世界体系中的地位因北美的独立而受到动摇，却很快得到巩固，这或许又是历史的巧合——英国刚确立霸权时遇到的对手，未来会接过它的霸权。

在法国大革命的解释中，沃勒斯坦认为起因在于法国资产阶级与英国竞争失利后的**觉醒**[80]，希望通过强制推行国家改革实现赶超。对现实的深度失望和觉醒，改变现状的强烈意愿，与启蒙运动以来法国社会的整体精神状态相结合，引发了这场规模空前、参与度空前、影响力空前、社会现实与意识形态的张力空前的革命。法国大革命被视作资产阶级革命的代表，引发了世界范围的革命浪潮，它让已经存在数个世纪的资本主义世界经济从封建主义外观下摆脱出来，令欧洲的文化与意识形态达到与经济社会的实际发展相匹配的程度，因而它标志的不是资本主义时代的开始，而是完全成熟。真正令法国大革命变得无可超越，并成为后来各种革命之精神标志的，恰恰是它内在所包含的不属于资产阶级革命、**超越资产阶级想象**的部分[81]。

1799年拿破仑掌握政权，标志着法国大革命超越资产阶级想象的阶段已终结，法国资产阶级重新获得主导权并按构想重建国内与国际的秩序。通过拿破仑战争，法国取得了前所未有的成功，一度成为欧洲大陆的主宰，但原先世界体系中相对于英国的落后地位依然制约着它。拿破仑对英国采用的**大陆封锁战略的失败**[82]，特别是俄国放弃大陆体系转而与英国结盟，本质上反映了国家对整体世界市场的依赖，以及新的世界体系中大西洋战略地位的优越性。这种源自世界体系变化的不利条件是拿破仑的军事天才所无法逆转的。1812年拿破仑远征俄国的失败，以及三年后在滑铁卢的最终败北，使英国霸权终于扫除了最后的障碍。

1815年的《维也纳条约》，确立了由英国所主导的欧洲格局与世界体系，开启长达百年的**"英国治下的和平"**（**Pax Britannica**）[83]。

这种英国所主导的世界体系，建立在**均势**、**金本位**、**自我调节的市场**、**自由主义国家**这四个基本制度/基本维度之上。[84]均势制是中世纪晚期以来欧洲的传统机制，而后三者及对它们的正当性辩护则是19世纪欧洲的新现象。就均势而言，在欧洲范围内，《维也纳条约》恢复了被拿破仑战争所破坏的主权国家关系，从而延续与重建了威斯特伐利亚体系。在美洲，则阻止了曾经的宗主国试图恢复殖民地统治的做法，这是美国门罗主义出台的重大国际关系背景[85]，而门罗主义对其他欧洲势力介入美洲事务的抵御，既与那个阶段的英国霸权相互配合，也极大地加强了自身的影响力（门罗主义之于英国，正如1588年英国战胜西班牙无敌舰队之于荷兰）。金本位、自我调节的市场与自由主义国家这三者则是彼此关联、互为支撑的**整体**[86]：自我调节的市场是经济领域的核心，金本位是这种市场制度在世界范围流行的保障，自由主义国家是自由市场在政治领域的呈现。

自我调节的市场，意味着市场本身能不借助任何外力而自行组织全部经济生活，市场的自我组织则通过且只通过（全要素的）市场价格加以实现。这种完全依靠市场调节的经济，在19世纪之前的人类历史上从未出现过[87]，19世纪的英国经济在最具有自由主义色彩的阶段，也并未实现这种目标[88]。自我调节的市场，对于英国主导下的世界体系而言，最大的意义并非其实际存在，而是基于这一规则的认同，催生了英国的**单方面自由贸易主义**[89]，使世界经济体内金融资本转化为商品的速度急剧提高，从而为**世界范围的贸易与生产大发展**创造了条件[90]。这种经济扩张与19世纪20年代后以铁路与汽船为代表的交通运输体系的空前发展相结合，极大地拓展了资本主义经济的范围，形成了真正覆盖全球的**世界市场**，创造了前所未有的**生产力**[91]。随着这一时期欧洲工业体系与建立在此基础上军事的重大发展，西方列强发动了对中国的侵略。作为东方世界重要存在的中国，因西方列强入侵而陷入半殖民地的境地，标志着那一阶段西方相对于东方的**压倒性优势**[92]。

1849—1870年，英国吸引了全球近三分之一的出口商品，将各种国家与地区拉入由其主导的贸易圈，并将它们的利益与这一贸易体系勾连起来，使之乐于主动维护**自由贸易体系的**有效运转。[93]自《维也纳条约》签订至19世纪70年代，英国将自我发展表述为符合普遍利益并获得附属群体的认同，令这一时期的国际均势体制也打上了“自由贸易主义”的印记。这是英国霸权最有力量、最富光彩的时代，类似荷兰霸权从17世纪初至《威斯特伐利亚和约》签订的黄金时代。

英国式自由贸易主义，建立在宏观的超大规模殖民地与微观的私人家族企业的基础上。

就宏观而言，英国拥有前所未有的、遍布世界的广大殖民地，相对于荷兰对领土扩张的“资产阶级式”冷淡，它有着“封建地主式”热情。特别是对印度的占有构成了英帝国整个霸权事业的基石与王冠：1757年普拉西战役的完胜，为英国征服孟加拉及整个印度铺平了道路。通过对**印度财富**的掠夺与控制，英国不但还清了向荷兰借的外债，更可以通过国内债券支撑与拿破仑战争的开支，其中公共开支于1792—1815年增加了近六倍（从2200万英镑增加到1.23亿英镑），为18世纪20年代的工业经济突飞猛进提供了关键的工业资本品。[94]英国以令印度本土纺织业破产的残酷手段，使印度由英国纺织工业的竞争者转为廉价食品与工业原料的生产地。英国对印度的商业与金融的操控，使印度经济长期保持对英国逆差、对其他国家顺差的结构，实现本国与其他国家的收支平衡，进而维持其金融中心地位。[95]一言以蔽之，英国的自由贸易主义是以其统治下的印度的高度不自由为前提的。

就微观而言，18世纪—19世纪前期，私人家族企业逐渐取代了特许经营公司，成为经济活动的主体。虽然以荷兰东印度公司为代表的特许经营公司制度，很长一段时间为英国所效仿，但这种以商业公司执行国家功能的形式还是被普遍放弃。**英国东印度公司**作为这种形式最辉煌的代表，在其管理印度的功能于1857年被英国政府接管后，最终于1874年解散。[96]这既是由于此类公司规模发展到一定程度后，出现的管理烦琐、监督不足、应变能力差、无论是否有利润均必须维系经营等问题[97]，更重要的是，它所掌握的国家职能与不断强化的民族国家原则，特别是由主权国家垄断战争与治理社会的理念是根本上冲突的。以特许经营公司为中心的旧结构让位于以家族私有制企业为中心的新结构，对应于世界商业中心从荷兰向英国的转移。这种符合自由主义市场经济经典假设的企业结构，既是自由贸易主义的基础，也是其结果，它在英国获得了比在欧洲其他国家以及美国更多的青睐（即便在1873—1896年的大萧条期间，这种结构依然在英国经济中占据主流地位）。

始于1873年的**大萧条**蔓延到整个资本主义世界体系[98]，是英国霸权的“**信号危机**”[99]。这场大萧条是此前长达数十年的经济扩张所带来的市场竞争者日益增加、平均利润率下降、固定资产投资（伴随着各种新型的机械化设备）大幅上升，特别是殖民地瓜分完毕后世界市场趋于饱和等后果综合叠加所致，是经济增长与经济斗争并行关系演化的必然结果。在此前的扩张周期中获得最大利益的英国，面对这场并非突如其来的危机，却始终无法寻到有效的应对之道，它陷入单方面自由贸易主义的路径依赖，导致英国错过了利用这场危机进行企业制度改造的机会，从而被转型成功的德国与美国所超越。

英国的这两个超越者，在18世纪60年代都经历了对于各自命运具有决定性影响的大规模战争：1861—1865年美国围绕废除奴隶制与国家统一爆发的南北战争，1864年、1866年普鲁士发动的谋求德意志统一的普丹战争与普奥战争。南北战争是美国历史上最大规模的内战，也是当时世界上最大规模的战争，参战人数多达350万，死伤超过百万，战争的残酷性在美国人的精神上留下了极浓烈的一笔，其影响至今犹存。普鲁士则通过上述两场战争的胜利，基本完成了德意志诸邦的统一，更借此势在1870年的普法战争中击败法国，实现了德意志的真正统一，成为欧洲大陆第一强国。美国和德国通过战争实现统一的经历，可以看作一种世界历史意义上的意志、智慧与实力的综合考验，正是通过这种考验，它们得以由地区强国上升为世界力量。

至于1873—1896年的大萧条，催生了横向合并与纵向一体两个维度上的企业整合。横向合并，即原本的竞争性企业以联合、兼并或合并的方式组成一个新的整体，从而开展统一的生产、销售、采购，进行更大范围的资源共享和更有效的部门协同，利用合并带来的规模效应克服平均利润率下降的趋势。纵向一体，即企业向上下游产业链条延伸，将自身的产品生产与上游的原材料、初级产品供应与下游的终端消费结合起来，形成产、供、销一体化的聚合效应。德国在两个方向的发展中都有所斩获，特别是在横向合并领域大获成功，成为奥地利经济学家鲁道夫·希法亭（Rudolf Hiferding）所说“有组织的资本主义”的代表。美国不断着力于纵向一体化的努力，并成功地实践了以通用汽车公司为代表的垂直一体化模式。英国则由于更加专注于世界商业及金融中介的地位，在两个方向上均行动迟缓，从而彻底丧失在产业层面的优势。[100]

这种整合效果的差异，源于这三个国家在当时世界体系中的不同地位。德国内部市场的统一与国家通过军事—工业机制推动战争高度相关，而海外殖民地的匮乏决定了它必须加强国内市场的统一化程度。从这一国家战略出发，德国的银行业巨头与工业巨头展开紧密合作，大力发展重工业，推动了大规模的横向合并，从而实现德国经济的整合[101]。美国与德国一样均在关税壁垒下发展本国工业，而由于缺少类似德国式的国家战略支持，横向合并只在铁路公司相关的领域有所发展，其他领域的合并均不成功，但各类企业开始自己领域内部的次级程序合并，侧重消费品生产，从而加快初始投入转化为最终产出的速度。这种“速度经济”是纵向一体广泛推行的重要经济动力，大批美国公司通过纵向一体完成国内市场整合的同时，也转变为跨国公司[102]。英国本身相对狭小的国内市场和广大的海外殖民地，加上商业与金融中心的利益链顶端地位，使其形成工业产品销售极度依赖海外市场的外向型特征，进而使英国企业走上了高度地方化和专业化的纵向“分解”道路（英国的纺织业是典型的例子），即利用英国为中心的全球商业网络和英国的密集型专业人员，通过提供细分领域的专门化服务获取利润[103]。

在德国与美国均走上企业聚变发展的道路时，英国却走上了**裂变之路**[104]，这不能不说是一种极大的反差。英国在世界体系中的优势地位，恰恰造成了转型时期的最大障碍。在大萧条前，德国、美国的企业结构与英国类似，均以私人家族企业为主，但通过大萧条期间所进行的重组，其企业结构都发生了由家族资本主义向社会法人制的转变，这种转变在大萧条结束后依然在快速推进。大量中小型私人家族企业依然保留着，但已经被整合到大型法人制企业的生态系统中。而此时的英国，私人家族制依然是企业的主流。

19世纪70年代后德国的高速工业化与“有组织的资本主义”，使其制造业能力和国民生产总值迅速超过了英国，工业能力与军事实力相结合，对英国霸权形成了严重挑战。19世纪末—20世纪初，德国在欧洲的地位，已经颇似路易十四时期的法国，而其在战略上所犯的错误也与当时的法国类似——**出于对德国的忌惮，众多对手结成了联盟**[105]。英国与法国的结盟，对单一军事实力超过任何一个国家的德国而言，意味着陷入了太阳王路易十四过去无法实现欧洲霸主愿望的相似局面。俄国在一战前夕加入英法的协约国阵营，则使德国整体形势更接近于拿破仑时期的法国：被迫与单一国家实力虽逊于自己却极为强大的联盟进行较量。

事实上，"修昔底德陷阱"式的忧虑，根本上源自德国挑战英国霸权的严重误读：第一次世界大战所呈现的世界体系中具有决定性影响的核心大国斗争，与雅典和斯巴达这种当时地中海体系内中等国家间的斗争，不具有任何严肃意义上的对比性。如果一定要在欧洲古代历史中找到某种对应，那么较为接近的当是罗马与迦太基的生死搏斗。罗马与迦太基之间的战争，是双方深思熟虑的战略选择，带有不可调和的色彩（罗马政治局老加图在每次演讲结尾所说的 Delenda est Carthago"迦太基必须灭亡"即是明证），而主张"修昔底德陷阱"者，恰恰想论证挑战者与旧有霸权可以找到某种调和矛盾的方式。无论是希腊还是罗马的历史，都并不能为一战这样的现代大国冲突提供有效的参照，更不必说此后的历史。与其以严重扭曲的希腊—罗马式的历史经验去推演世界历史进程，远不如接受列宁关于**"帝国主义就是战争"**的论断。德国与英国的冲突之所以不可避免，根本上不在于二者出现了对形势的误判，而在于二者都以帝国自居，将构建—维系帝国作为自己的理想，将帝国的支配权施加于被支配的他者，只要这种本质不发生变化，基于帝国逻辑的各种“理性”筹谋，最终都会导致战争。

从1896年大萧条结束到第一次世界大战前夕的**爱德华时代**，英国经济又呈现出欣欣向荣的景象，利润率恢复到较高的水平，随之恢复的还有资产阶级的信心。[106]这种复苏的背后，是霸权在商业扩张已无能为力的情况下进行的金融扩张。英国在工业竞争力明显下降的情况下，其金融业特别是各种金融中介业务出现了迅速的膨胀，这带动了整体经济的繁荣，即使这一过程中大部分的利益被金融集团所攫取。[107]这个阶段的英国，重复着18世纪20年代后荷兰的故事，英国金融业在当时世界经济中的显赫地位，正对应于1720年后半个世纪中阿姆斯特丹的金融家被欧洲各方力量所追捧的场景。

这是英国霸权最后的流金岁月（belle époque）。

也正是在这一阶段，德国的工业化程度与整体国力进一步提高，却越来越明显地感到整体利润被英国所代表的金融资本所侵蚀[108]。产业资本与金融资本的利益纠纷，新兴帝国与老牌帝国的帝国主义竞争，交相叠加，以英德为代表的欧洲各国间的矛盾变得越来越不可调和。与此同时，一边是欧洲工业—军事综合体的不断壮大，军事手段与军事能力的不断上升，各国内部民族主义与军国主义的结合，另一边是1815年之后欧洲近百年的和平与前者形成的巨大反差。当欧洲均势伴随着英国的衰落、德国的崛起已经无可挽回地被打破，借着世界体系内部的重大矛盾，终于导致空前规模的世界大战于1914年爆发。

英国霸权与“英国治下的和平”一起终结了。

相对于荷兰，英国不但是商业中心、现代工业革命的发源地与世界工厂，也是一个普遍联系的世界体系的组织者和管理者。英国既是中心票据交易所，也是拥有广大殖民地的帝国，它开创的以掌握世界货币来控制世界经济，进而使各经济体服从其意愿的运作模式，成为后来霸权进行统治的有力工具。如果说荷兰霸权的内在气质接近于威尼斯，那么英国霸权便是热那亚资本与西班牙帝国在更高层面的合体。相对于荷兰霸权，英国霸权具有更广泛的统治领域、更老辣的统治技艺、更丰富的世界体系认知，因而对应于一种更为复杂、需要更高的成本加以维系的霸权结构，这也决定了，当它不可避免地陷入衰落后，这种霸权结构的崩塌也更为迅速。荷兰霸权向英国霸权的完整过渡，经历了近一个半世纪（17世纪中期—18世纪末），而英国霸权被美国霸权所完全取代，只用了一半的时间（1873—1945年）。

【注释】

1　Beekes（2009）*Etymological Dictionary of Greek*, pp. 508-509; de Vaan（2008）*Etymological Dictionary of Latin and the Other Italic Languages*, pp. 534-535; Kroonen（2013）*Etymological Dictionary of Proto-Germanic*, p. 464.

2 这一理论包含无产阶级专政、国家、市民社会、政治认同、知识分子、阵地战等诸多内涵，“文化霸权”是其中极为重要的一部分，但并非全部。由于本书所讨论的问题与16世纪以来世界体系的霸权迭代密切关联，故而将葛兰西的egemonia概念译作“霸权”，而非一般汉语语境中的“领导权”。

3 葛兰西，《葛兰西文选（1916—1935）》，人民出版社，1992，574页。

4 “只有那个力图‘消灭’与它敌对的集团或者使这些敌对集团服从自己，不惜使用武力并且同时以联盟的或者亲近的集团的领导者的身分出现的社会集团，才是它的敌对的集团的统治者。”葛兰西，《狱中札记》，人民出版社，1983，316—317页。

5 葛兰西，《葛兰西文选（1916—1935）》，1992，443页。正是基于这种“国家=政治权力+市民社会”的结构分析，法国马克思主义哲学家路易·阿尔都塞（Louis Althusser）将国家结构划分为镇压性国家机器与意识形态国家机器。

6 阿瑞吉、西尔弗，《现代世界体系的混沌与治理》，生活·读书·新知三联书店，2006，31—36页；阿里吉，《亚当·斯密在北京：21世纪的谱系》，社会科学文献出版社，2009，146—153页。

7 Wallerstein(1992)“The West, Capitalism, and the Modern World-System ”.

8 Wallerstein(1988) *The “discoveries” and Human Progress*, p. 108.

9 关于六大事实，参阅Wallerstein(1990)“Culture as the Ideological Battleground of the Modern World-System”。关于12项特点，参阅Wallerstein(1990)“World-System Analysis: the Second Phase”；弗兰克、吉尔斯，《世界体系：500年还是5000年?》，社会科学文献出版社，2004，240—241页。

10 沃勒斯坦将16世纪以来的由欧洲模式所主导的世界体系视作是根本上不同于此前世界的，关于这种观点的系统批判，参阅弗兰克、吉尔斯，《世界体系：500年还是5000年?》，2004，特别是3—66页、355—369页。

11 5000年世界体系说，参阅弗兰克、吉尔斯，《世界体系：500年还是5000年?》，2004，167—235页；5000年世界文明共同体说的纲要，见白钢，

《世界文明共同体5000年》（清华大学国情研究院讲座），http://www.iccs.tsinghua.edu.cn/NewsSt/656.html，2019。

12 沃勒斯坦，《现代世界体系（第一卷）16世纪的资本主义农业与欧洲世界经济的起源》，社会科学文献出版社，2013，423—424页。

13 沃勒斯坦对边缘地区和外部竞争场作如下的区分：“一个世界经济的边缘地区在地理上是其延伸部分，其产品主要是低级货物（也就是说，货物的劳务所获报酬较低），但它是劳务分工整个体系的一个组成部分，因为其中包括的商品对日常所需是不可少的。一个世界经济的外部竞争场由其他世界体系的各部分组成，使这种世界经济与其他世界体系有了某些贸易关系，主要是贵重物品的交换为基础，有时这被称为‘富人贸易’。”沃勒斯坦，《现代世界体系（第一卷）》，2013， 360页。

14 沃勒斯坦，《现代世界体系（第三卷）资本主义世界经济大扩张的第二时期：1730～1840年代》，社会科学文献出版社，2013，3—5页。

15 沃勒斯坦与萨米尔·阿明（Samir Amin）在此问题上持基本相同的立场，均强调现代世界体系的资本主义生产方式使之根本上有别于此前的诸世界帝国、诸世界体系（阿明将这些前现代体系称作是“贡赋性的”）。参阅Wallerstein（2004）*World-Systems Analysis：An Introduction*, pp. 23-41；弗兰克、吉尔斯，《世界体系：500年还是5000年?》，2004，295—332页。

16 马克斯·韦伯（Max Weber）提供了三种对此类论述具有持续影响力的解释模式：1. 新教伦理对现代资本主义精神的核心影响；2. 财产私有权和基于市场的社会关系；3. 基于不同的生产方式而形成的阶级存在。参阅Weber（1981）（reprint）. *General Economical History*；韦伯，《新教伦理与资本主义精神》，中国社会科学出版社，2009。这几乎构成了此后各类以西方的兴起为主题之作品的理论基础。最有代表性的作品当属麦克尼尔，《西方的兴起：人类共同体史》，中信出版社，2015；亦可参阅North/Thomas（1976）*The Rise of the Western World: A New Economical History*；Chirot（1985）“The Rise of the West”；Jones（1987）*The European Miracle*；莫里斯，《西方将主宰多久：东方为什么会落后，西方为什么能崛起》，中信出版社，2011。

17 杉山正明，《忽必烈的挑战：蒙古帝国与世界历史的大转向》，社会科学文献出版社，2013，249—273页。

18 沃勒斯坦，《现代世界体系（第一卷）》，2013，第一章，特别是32—45页。

19 阿布—卢格霍德，《欧洲霸权之前：1250—1350年的世界体系》，商务印书馆，2015，356—357页。

20 麦克尼尔，《西方的兴起：人类共同体史》（上册），2015，292—293页。

21 阿布—卢格霍德，《欧洲霸权之前》，2015，343—353页。

22 阿布—卢格霍德提出有八个亚体系，分别是欧洲亚体系，跨地中海亚体系，从君士坦丁堡穿越中亚大陆达到中国的亚体系（北线），经巴格达、巴士拉、波斯湾将地中海与印度洋连接起来的亚体系（中线），将亚历山大—开罗—红海一线与阿拉伯海连接起来、达到印度洋的亚体系（南线），连接阿拉伯世界与印度西部地区的亚体系，连接印度东南部地区与马六甲海峡地区的亚体系，马六甲海峡与中国之间的亚体系。参阅阿布—卢格霍德，《欧洲霸权之前》，2015，38—43页，特别是41页图1。

23 泛指古代尼德兰南部地区，位于西欧低地西南部、北海沿岸，包括今比利时的东佛兰德省和西佛兰德省、法国的加来海峡省和北方省、荷兰的泽兰省。

24 麦克尼尔，《瘟疫与人》，中信出版社，2018，第四章。

25 阿布—卢格霍德，《欧洲霸权之前》，2015，40页。

26 阿布—卢格霍德，《欧洲霸权之前》，2015，59—63页；布罗代尔，《十五至十八世纪的物质文明、经济和资本主义（第三卷）：世界的时间》，商务印书馆，2017，124—129页。

27 阿布—卢格霍德，《欧洲霸权之前》，2015，74—76页。

28 Laurent（1935）*Un grand commerce d'exportation au moyenâge: la draperie des Pays-Bay en France et dans les pays méditerranéens（XIIe-XVe siècle）*, p. xiii；阿布—卢格霍德，《欧洲霸权之前》，2015，86—88页。

29 de Roover(1948) *Money, Banking, and Credit in Medieval Bruges: Italian Merchant-Bankers, Lombards and Money-Changers, A Study in the Origins of Banking*, p. 53;阿布—卢格霍德，《欧洲霸权之前》，2015，90—95页。

30 布罗代尔，《十五至十八世纪的物质文明、经济和资本主义（第三卷）》，2017，118—124页。

31 阿布—卢格霍德，《欧洲霸权之前》，2015，103—114页。

32 Kedar(1976) *Merchants in Crisis: Genoese and Venetian Men of Affairs and the Fourteenth-Century Depression*, pp. 5-17.

33 Kedar, pp. 1-5.

34 阿布—卢格霍德，《欧洲霸权之前》，2015，127—130页。

35 阿瑞基，《漫长的20世纪》，江苏人民出版社，2011，129页。

36 Elliot(1970) *Imperial Spain. 1469-1716*, p. 39.

37 关于绝对主义国家（绝对君主制）的概念，参阅安德森，《绝对主义国家的系谱》，上海人民出版社，2016， 第一章。

38 阿瑞基，《漫长的20世纪》，2011，131—133页。

39 这种支配模式当然并不只属于雅典人、意大利人或某个海岛国家。埃及马穆鲁克王朝对红海航线的控制，奥斯曼土耳其对东地中海的控制，都是以陆上政权掌控海上路线，进而为欧洲设置贸易条件。

40 阿瑞基，《漫长的20世纪》，2011，42—43页。

41 安德森，《绝对主义国家的系谱》，2016，38—44页。

42 1510—1550年，横越大西洋的贸易增长了八倍，1550—1660年又增长了三倍。沃勒斯坦，《现代世界体系（第一卷）》，2013，193—194页。

43 安德森，《绝对主义国家的系谱》，2016，45—47页；沃勒斯坦，《现代世界体系（第一卷）》，2013，205—207页。

44 如沃勒斯坦所言，“西班牙的‘衰落’是17世纪中最壮观的现象——甚至对那个时代的人们也是清晰可见的……其原因深藏于西班牙的经济与政治结构中，其相应的虚弱在16世纪时已达到颇为可观的程度了”。参阅沃勒斯坦，《现代世界体系（第二卷）重商主义与欧洲世界经济体的巩固：1600～1750》，社会科学文献出版社，2013，217—224页，引文见218页。

45 阿瑞基，《漫长的20世纪》，2011，146—147页。

46 安德森，《绝对主义国家的系谱》，2016，44页、47—48页。

47 McNeill(1982)*The Pursuit of Power: Technology, Armed Force, and Society since A.D. 1000*, pp.127-130.

48 布罗代尔，《十五至十八世纪的物质文明、经济和资本主义（第三卷）》，2017，247—252页。当然，荷兰霸权的重要经济来源还包括北海的捕鲱鱼业、冰岛的捕鲱鱼业和斯匹次卑尔根群岛的捕鲸业。腌鲱鱼被称作“荷兰人的金矿”，捕鱼业则被视作“（荷兰）商业的摇篮”，参阅沃勒斯坦，《现代世界体系（第二卷）》，2013，47页及第二章注5、注12。

49 阿瑞基，《漫长的20世纪》，2011，154—155页；布罗代尔，《十五至十八世纪的物质文明、经济和资本主义（第二卷）：形形色色的交换》，社会科学文献出版社，2017，98—105页。

50 Dobb(1963)*Studies in the Development of Capitalism*, pp. 208-209.

51 布罗代尔，《十五至十八世纪的物质文明、经济和资本主义（第三卷）》，2017，260—269页。

52 Israel(1989)*Dutch Primacy in World Trade, 1585-1740*, pp. 75-76, pp. 256-258.

53 阿布—卢格霍德，《欧洲霸权之前》，2015，351—352页。

54 正如布罗代尔所言：“欧洲商业资本主义之所以能侵入远东市场，利用远东市场本身的力量为它服务，那是因为远东地区已经形成一系列结构紧密的经济，并由一个有效的经济世界连成一片。”布罗代尔，《十五至十八世纪的物质文明、经济和资本主义（第三卷）》，2017，626页；另可参阅沃勒斯坦，《现代世界体系（第一卷）》，2013，378—387页。

55 Weber(1961)(reprint). *General Economical History*, p. 215；布罗代尔，《十五至十八世纪的物质文明、经济和资本主义（第三卷）》，2017，279—284页、660—662页。

56 Barbour (1950) *Capitalism in Amsterdam in the Seventeenth Century*, p. 13; Schoffer (1985) "Did Holland's Golden Age Coincide with a Period of Crisis? "; 阿瑞吉、西尔弗，《现代世界体系的混沌与治理》，2006，47—48页。

57 布罗代尔，《十五至十八世纪的物质文明、经济和资本主义（第三卷）》，2017，230—233页。

58 阿瑞吉、西尔弗，《现代世界体系的混沌与治理》，2006，55页。

59 正如英国作家丹尼尔·笛福（Daniel Defoe）于荷兰霸权终结前夕（1728年）对荷兰本质所做的描述："他们是贸易方面的中间人，欧洲的代理商和经纪人……他们买进是为了再次卖出，拿进来是为了送出去。"转引自阿瑞基，《漫长的20世纪》，2011，152页。另可参阅Boxter (1965) *The Dutch Seaborne Empire, 1600-1800*, p.49。

60 Gross (1968) "The Peace of Westphalia, 1648-1948".

61 阿瑞基，《漫长的20世纪》，2011，49页。

62 之前各种世界体系（如13世纪的世界体系），虽然也存在着资本主义的诸多表现形式（许多已经无法归入萌芽的范畴），甚至在某些局部能观察到资本逻辑的决定性作用，但其作为整体并非由资本逻辑所主导，也不存在资本主义与世界体系的相互规定与相互融入。

63 Rowen (1978) *John de Witt: Grand Pensionary of Holland, 1625-1672*, p. 189; Israel (1989) *Dutch Primacy in World Trade, 1585-1740*, pp. 383-384; 阿瑞基，《漫长的20世纪》，2011，157—158页。

64 Boxter (1965) *The Dutch Seaborne Empire, 1600-1800*, p. 109.

65 布罗代尔，《十五至十八世纪的物质文明、经济和资本主义（第三卷）》，2017，297—299页。

66 1758年，据说荷兰投资者掌握着英格兰银行、英国东印度公司、南海公司三分之一的股份。1762年，据估计，荷兰持有英国四分之一的债权，达1200万英镑。Boxter (1965) *The Dutch Seaborne Empire, 1600-1800*, p. 110;

阿瑞吉、西尔弗，《现代世界体系的混沌与治理》，2006，60页。

67 Wilson(1966)*Anglo-Dutch Commerce and Finance in the Eighteenth Century*, pp. 70-71.

68 当时法国财政大臣科尔伯（Colbert）对路易十四所说的名言——“如果国王能将整个联合省置于他的统治之下，他们的商业将成为国王臣民的商业，我将别无所求”，是这种吞并意图的明白表露，而法国上层的这种野心，在此之前早已不再是秘密。转引自安德森，《绝对主义国家的系谱》，2016，16页。

69 Kindleberger(2015)*Manias, Panics, and Crashes. A History of Financial Crises*, pp. 189-190；阿瑞吉、西尔弗，《现代世界体系的混沌与治理》，2006，60—64页；布罗代尔，《十五至十八世纪的物质文明、经济和资本主义（第三卷）》，2017，301页、326—335页。

70 安德森，《绝对主义国家的系谱》，2016，78—79页。

71 Marcus(1961)*A Navel History of England, I, The Formative Centuries*, p. 30.

72 阿瑞吉、西尔弗，《现代世界体系的混沌与治理》，2006，50—51页。

73 沃勒斯坦，《现代世界体系（第二卷）》，2013，94—95页。

74 路易十四时期的法国不但是欧洲陆军第一强国，其海军的规模在17世纪80年代也一度超过英国与荷兰联合的海军力量。参阅Howard(1976) *War in European History*, p. 64.

75 安德森，《绝对主义国家的系谱》，2017，70—72页。

76 Mahan(1957)*The Influence of Sea Power upon History*, 1660-1783, pp. 53-54.

77 布罗代尔，《十五至十八世纪的物质文明、经济和资本主义（第三卷）》，2017，316—319页。

78 Nef(1934)“The Progress of Technology and the Growth of Large-Scale Industry in Great Britain, 1540-1640”；阿瑞基，《漫长的20世纪》，2011，233—234页。

79 Dehio（1962） *The Precarious Balance: Four Centuries of the European Power*

Struggle, p. 129；沃勒斯坦，《现代世界体系（第三卷）》，2017，85—86页。

80 沃勒斯坦，《现代世界体系（第三卷）》，2017，91—92页。

81 同上，103—104页。

82 Dehio, p. 171；McNeill（1982）*The Pursuit of Power：Technology，Armed Force，and Society since A. D. 1000*，pp. 202-203；Goldstein/Rapkin（1991）“After Insularity：Hegemony and the Future of World Order”。某种程度上，拿破仑对英国的封锁，可以类比于17世纪初英国针对荷兰的未经染色布匹的出口禁令，二者都由于对手在整个经济体系中所占的优势地位而彻底失败。

83 相对于此前两个世纪平均60—70年的战争时间，“英国治下的和平”期间，欧洲各国之间的战争时间仅四年（英法对俄进行的克里米亚战争则只有18个月）。

84 波兰尼，《巨变：当代政治与经济的起源》，社会科学文献出版社，2013，51页。

85 英国外交大臣乔治·坎宁（George Canning）于1823年邀请美国共同反对俄、普、奥三国“神圣同盟”对拉美各国的干涉，得到时任美国总统詹姆斯·门罗的赞同。在门罗主义于该年12月出台后，坎宁的评价正反映出英国保持美洲均势的典型立场：“我们的美国合作者的极端自由主义，相对于亚琛同盟国（俄、奥、普、英）的极端专制主义，恰好给予我所想要的平衡。”转引自Temperley（1925）*The Foreign Policy of George Canning，1822-1827：England，the Neo-Holy Alliance，and the New World*，p. 130。关于英国对美国门罗主义的影响，参阅Aguilar（1968）*Pan-Americanism from Monroe to the Present：A View from the Other Side*，pp. 23-25。

86 卡尔·波兰尼（Karl Polanyi）将均势也归入这个整体，认为“均势制则是金本位制的上层结构，且局部透过金本位制来运作”。波兰尼，《巨变：当代政治与经济的起源》，2013，52页。

87 波兰尼，《巨变：当代政治与经济的起源》，2013，109—111页。

88 这种市场经济要求全部经济要素的自由流通，伴随着民族国家对领土主权的强调以及奴隶制的废除，19世纪的人口要素流动恰恰比16—18世纪（通过海外拓殖和大规模的奴隶贸易）有了较大的萎缩。

89 1848年废除《谷物法》和1849年废除《航海法》，是这种单方面自由贸易主义的顶峰。而在17—18世纪，英国恰恰一直奉行贸易保护主义，1652—1654年的第一次英荷战争就是因为英国实施《航海法》将英属殖民地变为英国企业的垄断贸易区而引发的。1845—1850年的爱尔兰饥荒因英国政府对市场自我调节的迷信而大大恶化，造成了爱尔兰地区人口的近四分之一的减少（饿死人数超过百万，另有大量人口外逃）。这是处于权力顶峰时期的英国霸权在国内犯下的最大恶行，而爱尔兰独立运动正是这场惨剧的直接后果。

90 阿瑞基，《漫长的20世纪》，2011，180—181页。

91《共产党宣言》的著名论断正是由此而发："资产阶级，由于开拓了世界市场，使一切国家的生产和消费都成为世界性的了。""过去那种地方的和民族的自给自足和闭关自守状态，被各民族的各方面的互相往来和各方面的互相依赖所代替了。物质的生产是如此，精神的生产也是如此。""资产阶级在它的不到一百年的阶级统治中所创造的生产力，比过去一切世代创造的全部生产力还要多，还要大。自然力的征服，机器的采用，化学在工业和农业中的应用，轮船的行驶，铁路的通行，电报的使用，整个整个大陆的开垦，河川的通航，仿佛用法术从地下呼唤出来的大量人口——过去哪一个世纪料想到在社会劳动里蕴藏有这样的生产力呢?"《马克思恩格斯选集》第1卷，人民出版社，2012，404—405页。

92 如同布罗代尔所言，"印度的命运预示着中国的命运""19世纪中国的命运是18世纪印度命运的翻版"。"满清王朝需要对付众多的冲突，这些冲突对国势的衰落都有影响，都有责任，正如大莫卧儿帝国的缓慢肢解对印度的沦丧由其影响和责任一样。无论在印度或在中国，外来的冲击因内在的无能和动乱而增强了。”“显而易见，欧洲为着自己的利益，破坏了远东的交换体系，打破了它原有的平衡。”参阅布罗代尔，《十五至十八世纪的物质文明、经济和资本主义（第二卷）》，2017，246—251页，引文见251页。

93 Barratt-Brown(1963)*After Imperialism*, p. 63；Nye(1990)*Bound to Lead: The Changing Nature of American Power*, p. 53；阿瑞吉、西尔弗，《现代世界体系的混沌与治理》，2006，68—69页。

94 Barratt-Brown(1974)*The Economics of Imperialism*, pp. 133-136。

95 de Cecco(1984)*Money and Empire: The International Gold Standard*, pp. 62-63；阿瑞吉、西尔弗，《现代世界体系的混沌与治理》，2006，72页。

96 阿瑞吉、西尔弗，《现代世界体系的混沌与治理》，2006，112—113页。

97 Davies(1957)*The Royal African Company*, pp.141-149.

98 Landes (1969) *The Unbound Prometheus: Technological Change and Industrial Development in Western Europe from 1750 to the Present*, pp. 231-240.

99 “信号危机”是指霸权遭遇重大问题，但在此后一段时期尚能控制局面的状态，有别于问题无法解决导致霸权终结的“垂死危机”。阿里吉，《亚当·斯密在北京：21世纪的谱系》，2009，148页。

100 Chandler(1990)*Scale and Scope: The Dynamics of Industrial Capitalism*；阿瑞吉、西尔弗，《现代世界体系的混沌与治理》，2006，134—147页。

101 Henderson(1975)*The Rise of German Industrial Power*, 1834-1914, p. 175.

102 参阅 Hymer(1972)“The Multinational Corporation and the Law of Uneven Development”；Chandler(1977)*The Visible Hand: The Managerial Revolution in American Business*, p. 285.

103 Chapman (1984) *The Rise of Merchant Banking*, pp. 9-15; Chapman (1992) *Merchant Enterprise in Britain: From the Industrial Revolution to World War I*, p. 116; Hobsbawm (1968) *Industry and Empire: An Economic History of Britain since 1750*, pp.47-48；阿瑞吉、西尔弗，《现代世界体系的混沌与治理》，2006，137—140页；阿瑞基，《漫长的20世纪》，2011，311—

313页。

104 虽然这种高度分散与高度分类的企业结构，在进入互联网时代后又展现出特殊的竞争优势。但这已经是英国霸权终结许多年后的事了，英国企业也未能成为这种新时代发展趋势的主要受益者。

105 德皇威廉二世对"铁血宰相"俾斯曼的稳健外交政策的偏离，是让其他国家结盟的某种诱因，但根本而言，还是德国迅速增长的实力对世界体系的冲击与旧的世界体系中占据优势的国家希望继续维持固有地位，这一对矛盾的产物。

106 Landes(1969) *The Unbound Prometheus: Technological Change and Industrial Development in Western Europe from 1750 to the Present*, p. 231.

107 Hobsbawm(1968) *Industry and Empire: An Economic History of Britain since 1750*, p. 125；阿里吉，《亚当·斯密在北京：21世纪的谱系》，2009，94—95页。

108 1870—1913年，英国制成品的产量约翻一倍，而德国则增加了近六倍。但两国之间的收入上升的比率，无论是合计还是人均，基本都维持在0.7∶1—0.8∶1的水准。这意味着德国在制造业领域已经遥遥领先于英国，但几乎三倍于英国的工业产出，才能维持在附加值方面的微小收益。Landes (1969) *The Unbound Prometheus: Technological Change and Industrial Development in Western Europe from 1750 to the Present*, p. 329；阿瑞吉、西尔弗，《现代世界体系的混沌与治理》，2006，144页。

第 三 章
美国世纪与霸权危机

美国霸权与全球化

与历史上的欧洲大陆主要竞争对手相比，英国的岛国地理位置，始终是其重要的战略优势：英国可以利用大陆国家之间的矛盾遥控欧洲事务，大陆国家却难以越过海洋对其施加对等的影响。这种好运伴随德国的崛起而终结，却也使英国在军事实力远逊于德国的情况下，利用德国在欧洲大陆的严重消耗，艰难地等到了一战的转机：美国于1917年加入协约国阵营。美国在各种欧洲旧势力厮杀到筋疲力尽之际的参战，颇得英国于1812年拿破仑远征俄国惨败后派主力军队加入反法联盟的精髓。此时的美国，战略地位恰如当年的英国：欧洲与北美之间的大西洋，其战略屏障作用远比英吉利海峡深远，而美国拥有937万平方公里的广阔领土，几乎与欧洲大陆相当，其战略纵深远非英伦三岛可比，可以说，这是英国版地理优势的升级版。英国作为当时最大的殖民帝国，占有的土地遍布世界，号称“日不落”，而美国长达一个多世纪的领土扩张，便将其所占有的土地作为一个整体纳入版图。这种土地占有方式的差异在20世纪真正显露出对两国命运的决定性的影响。

美国长期奉行国内市场对国外商品关闭，却对外来资本、劳动力、企业开放的国策[1]，可谓异常老辣成熟。这种与新兴国家不太相应的深谋远虑，却被掩盖在有关美国人鲁莽、粗俗、直率、缺乏文化底蕴、极端自由主义的种种印象之下，使其在18—19世纪免于欧洲列强的重视与忌惮。这种国家战略结合美国的地理优势、土地规模优势、自然资源优势，使其成为英国自由贸易主义最大的受惠者：到18世纪70年代，在英国所有的进出口贸易中，美国的份额占到25%，与其他欧洲国家的总和相当[2]。伴随着欧洲霸权竞争的升级与白热化，美国成为世界范围的资金、技术、劳动力以及具有资本主义精神的企业家的集聚中心。与美国这种正在形成中的世界中心地位相衬的，是太平洋之战略地位的不断上升——这片将美洲、亚洲、大洋洲连在一起的大洋，渐渐获得与其面积与深度相匹配的重要地位。

1873年大萧条后英国从债权国向债务国的转变，不仅标志着英国霸权的衰落，也意味着一种新的霸权的转移已经开启。如同17世纪中期后荷兰在霸权转移过程中，一度成为英国的最大债权人一样，1873—1914年的英国也拥有美国的巨大债权[3]。尽管到1910年时，美国已经控制了全球黄金储备的31%，但英国所拥有的对美巨额债权使其依然能够保持金本位下**世界货币**的掌控权[4]。普拉西战役后掠夺印度所带来的财富，帮助英国还清了欠荷兰的外债，而一战的爆发，则使美国由英国的债务国一跃变为其最大的债权国，这也是整个老欧洲的境遇缩影。从1913年超过30亿美元的净负债变为1919年拥有45亿美元的净资产[5]，到1928年，包括战争债务（约200亿美元，超过当时全世界的黄金储备），美国共拥有250亿美元的债权[6]。

1918年一战结束后，英国作为胜利方，虽然貌似较之战前进一步拓展了其殖民地的范围，但列宁于1917年11月8日（十月革命爆发的第二天）提出的《和平法令》，与1918年1月8日由美国总统威尔逊提出的十四点和平纲领（可视作对《和平法令》**有意识的回应**[7]），均包含废除秘密外交、承认民族自决原则、给予被压迫民族自决权的诉求。这两种**新型国际原则**的共识与竞争[8]，超越以欧洲为核心的旧世界体系，代表旧殖民主义时代已经接近尾声。此时，英国作为霸权基础的金融地位已经无可挽回地被削弱了：一战导致其海外资产破产，对外贷款比例大幅下降，**美元**虽然尚未在国际结算体系中取代英镑，却成为最受欢迎也最富活性的支付手段（美元资产出现了前所未有的扩张，纽交所的股票受到世界资金的追捧），国内业务与国际业务的互动构成**纽约金融中心**的主要特征[9]。英国已经完全无法满足金本位制对储备货币的要求，以伦敦为核心的金融体系却依然试图维系其金本位制的统治地位，现实与愿望的差距预示了这一体系即将崩溃的命运。

1929—1933年始于美国的**世界经济大危机**，以一种空前惨烈的方式摧毁了整个资本主义世界的经济结构。[10]纽约华尔街作为这场危机的始作俑者，如同1772年首先受到欧洲金融危机打击的伦敦，以一种另类的方式确认了**金融霸权的转移**[11]。大危机作为对资本主义世界体系的整体拷问，宣告19世纪世界秩序的最终崩溃，影响世界格局的几个主要国家作出了不同回应。英国被迫放弃自由贸易主义和金本位制，美国实行罗斯福新政，苏联开展了第一个五年计划，纳粹德国迅速崛起，日本发动“九一八”事变以此拉开侵华战争序幕。距离第一次世界大战结束不到20年，一场更浩大、更残酷也更有深远影响的超级大战席卷整个世界。

第二次世界大战彻底改变了世界的力量格局。美国与苏联成为新的世界体系中的主要国家（超级大国），美国掌握了远超英国的**世界经济的控制权**[12]。传统欧洲强国在两次空前规模的生死搏斗中两败俱伤，使欧洲失去了自16世纪以来的世界体系核心地位，旧殖民体系被空前削弱。这一时期，美国与苏联在反对旧殖民主义问题上达成共识，民族主义与广义的社会主义相结合，成为时代潮流。全球性的民族解放运动、社会主义革命与反帝国主义运动风起云涌，一大批亚非拉国家获得独立，16世纪以来所形成的旧殖民体系全面瓦解。中国革命的伟大胜利既是那一时代背景下的产物，也以自己的实践宣告中国已从鸦片战争之后的落后地位走出，重返世界民族之林，极大地鼓舞了世界的社会主义与民族解放事业，是这场运动重要的组成部分。

1945年联合国的成立，标志着美国主导下的新世界体系的成型。相比威尔逊主义促成、英法主导的国际联盟，联合国带有非欧洲中心色彩，更注重在大国间协调。它一方面将1648年威斯特伐利亚体系所确立的民族国家、国家主权等原则在世界范围内加以确认，另一方面带有威斯特伐利亚体系所不具有的“世界政府”特征，即在国家间关系之外又隐含一种超国家权力，这种超国家权力不同于中世纪的教权，其正当性源于各主权国家的共识。依照美国第32任总统富兰克林·罗斯福（Franklin D. Roosevelt）的设想，美国的新政（New Deal）将通过联合国得以全球化，从而将新政所致力于实现的国家福利提升为**世界福利**[13]。罗斯福这种融合了美国式“山巅之城”想象与康德式“永久和平”理想的“世界国家”规划，在其去世后，很快被杜鲁门政府以遏制苏联为核心的“**冷战**”方案所取代[14]。冷战时期资本主义与社会主义的制度竞争格局，使得国家间的组织化联系明显增强，在北大西洋公约组织和华沙条约组织的对峙之外，处于中间地带的国家也有意识地进行联合，成立了不结盟运动、七十七国集团、非洲国家统一组织、阿拉伯国家首脑会议、安第斯条约组织、石油输出国组织等新型国际组织。

正是在这种国家竞争与制度竞争并行的大背景下，美国展开了帮助欧洲盟国实施战后重建的**马歇尔计划**，并照此以“强制改造”的方式**扶持日本**[15]。不再有争霸世界雄心的欧洲与日本，开始从长达半个世纪以上的高比例军费开支中摆脱出来，配合美国所提供的巨额资金与物资援助，迸发出被战争压抑已久的社会生产力。不仅迎来了**战后的黄金年代**，开始建设富裕社会，包括美国在内，这一时期的西方国家都出现了劳动力几乎完全就业、大众生活水平明显提高的局面。[16]美国的发展在这一阶段相对于其盟友较为缓慢，这既与战后初期美国在整个世界经济体中过于突出的体量相关，也源于拥有空前经济优势时增长动力的弱化。但美国及其盟友作为一个整体，自二战结束到20世纪70年代，其国民生产总值占到全球的75%和进出口总值的80%以上，这使得美国虽因苏联无法实现军事上的独霸地位，在世界体系的主导地位却并未动摇。

至于联合国，美国在其发展历程中确实试图抹上更多的“美国色彩”，但联合国在协调各国利益的同时也进行了改革。例如，联合国安理会及联合国大会的机制，决定了美国无法绕开苏联单独掌控，而冷战的格局使得大批亚非拉国家获得了两大阵营之外独立发展的空间，更加强了联合国的独立属性。在冷战期间，更能体现美国之国家意图与影响力的是世界银行与国际货币基金组织（IMF），以及作为世界贸易组织（WTO）前身的关税及贸易总协定（GATT）。**世界银行与IMF是布雷顿森林货币体系的产物**，前者提供中长期信贷来促进成员国经济复苏，后者负责向成员国提供短期资金借贷，以保障国际货币体系的稳定，它们共同构成以美元为核心的世界金融体系的执行机构。[17]GATT则是美国主导下世界市场的协调组织，这种各国政府间的多边经贸协定，被美国经常性地用于迫使其他国家对其实行“贸易自由化”，相对于英国曾实践的单边自由贸易主义，**GATT是可操控性更强的世界市场产生机制和博弈工具**。[18]

如果说，上述三个国际组织是美国主导世界经济秩序的三大支柱，那么居于这种秩序核心的，则是**美国联邦储蓄系统**（简称美联储），由位于华盛顿特区的联邦储备委员会和12家分布美国主要城市的地区性联邦储备银行组成。美联储这一机构最大的独特之处在于，它履行着美国的中央银行功能，因美元在世界支付体系与整体经济运行中的核心地位，进而成为世界金融体系的组织者，却又是一家以会员银行认购地区储备银行股份的方式组成的金融机构（每家会员银行具体所占股份比例无法通过公开材料获知，引发了“**美联储为私人机构**”[19]的传闻）。这也导致在各种阴谋论式的解释中，美联储往往被描绘为犹太资本掌控美国金融进而操纵世界财富的邪恶工具。但若考察美联储的最高决策机构**联邦公开市场委员会**可以发现，这个委员会每届容纳12个人选，由七名受总统提名、国会批准的联邦储备局执行委员和12名联邦储备银行行长中的五名[20]组成，这一结构事实上反映了政治力量与金融力量的博弈与平衡。美联储的股份制特征本身并不足以说明它为特定的资本集团所掌握，毋宁说，它是16世纪以来超级跨国资本与强大的国家联盟共同支配世界的通用模式，在20世纪由美国结出的极富特色的果实。

美国霸权与超级资本的联盟带来的另一个重要后果，是跨国公司的空前发展——几乎涵盖所有行业、遍布世界的大量跨国公司，成为美国国家力量极为重要的载体。这些跨国公司既有着类似17

世纪特许经营公司那种以企业承载国家战略的实力，又具有纯粹商业企业的形式，因而也获得了其荷兰和英国的企业前身所不曾有的、相对于主权国家的**高度独立性**[21]。作为一种独立的全球化的生产、交换、积累的体系，它们不但在事实上脱离于任何主权国家的管理，在自我认同上也出现了相对主权国家的空前疏离。在此意义上，跨国公司比此前任何公司形态都更加体现了纯粹的资本主义精神。美国因19世纪末跨国公司的集中出现和蓬勃发展，而大大加快了获取霸权的进程，其霸权的高潮则伴随着跨国公司在二战后的进一步扩张，其霸权的衰落也由跨国公司将自己日益增长的流动资产沉淀于海外市场（特别是货币市场）却没有回流国内所触发。

自二战后到20世纪70年代中期，美国经济增长一直明显低于德国和日本。自1965年开始，伴随着德日两国制造业的强劲崛起，美国制造业面临巨大的竞争压力，资本回报率下降了40%以上，而极高比例的就业和社会大众对消费主义的广泛接受，又形成了来自劳工阶级的强大福利压力，这二者的共同作用，引发了1965—1973年的美国制造业的盈利危机。由于制造业利润率在美国下降而在欧洲、日本维持高位或有所提高，大量投机性资金撤离美国，导致美国的国际收支赤字剧增，这种格局叠加上1964年越南战争升级所带来的持续军费激增，造成了**黄金—美元本位的破灭**[22]。1968年，代表美元与黄金固定联系的黄金总汇崩溃。1971年8月15日，时任美国总统尼克松宣布停止承担美元兑换黄金的义务，美元与黄金事实上脱钩。1973年，伴随着美元的进一步贬值，各西方主要货币均放弃了针对美元的固定汇率制，以黄金—美元为核心的布雷顿森林体系宣告瓦解。

布雷顿森林体系的瓦解，与美国因深陷越战泥潭而造成的军事、政治、道义上的严重挫折，共同宣告**美国霸权的“信号危机”**。[23]

在黄金—美元体系已经穷途末路但尚未完全崩溃前，美国政府已经将美元的持续贬值作为拉动经济的核心战略。1969—1973年，**美元对马克和日元大幅贬值**[24]，使美国制造业部门的盈利能力、投资增长和劳动生产率得到了恢复。与此同时，美国迫使各国央行持有美国短期债券，将其纳为银行的储备资本，从而接受美元成为其储备货币[25]。这使得美国可以在没有黄金储备的约束条件下，根据自己的需要无限量地发行美元，将通货膨胀传递到国外，而世界的物价上涨又将逐渐抵消“过剩美元”的价值，从而获取源源不断的美元“铸币税”。与这一战略同步展开的，是利用石油输出国组织在1973年石油价格大幅上涨后积累的巨额国际收支顺差，将石油盈余资金与美元挂钩结算，以现代工业经济最重要的资源石油作为美元资产之锚，形成取代黄金—美元的**石油—美元体系**[26]。在遭遇“信号危机”后，美国迫使各国接受美元经常性的“过剩状态”（2008年后的“量化宽松”政策正是这一长期战略的自然延伸），通过“过剩美元”纳入储备货币和石油—美元体系，创造了一种不必在意外部约束（包括国际赤字约束）的“超级自由”货币机制（这种自由程度超过英国在自由贸易主义时期的想象），从而将黄金—美元体系崩溃的代价很大程度上转嫁于欧洲盟友。这种以自我为中心、无视盟友感受的态度（如尼克松时代财政部长约翰·康纳利的名言：美元是我们的货币和你们的问题），迫使以法国和德国为首的欧洲国家加速建立欧洲自己的货币体系。1973年欧洲货币体系（European Monetary System，简称EMS）开始运作，未来的欧元由此起步。美元体系的这种戏剧性转变，标志着美国的金融资本获得相对于产业资本的绝对优先地位，成为真正的主导，而制造业在整体国民经济中地位的下降，预示着美国进入后工业化时代，大规模的产业转移拉开帷幕。

这种在遭遇实质性危机后对盟友咄咄逼人的应对战略，表明美国霸权与其前任相比：更以自我为中心，更富有攻击性，更习惯于突破底线，更不愿意承担体系领导者的责任，更擅长金融、依赖金融也更深度地被金融资本所控制。

在黄金—美元体系瓦解后，不再有外在硬约束的美元，开启了周期性的汇率大幅波动进程，随之而来的是以黄金为代表的贵金属和以石油为代表的大宗商品的相应（通常为反向）趋势变化。20世纪60年代末—70年代末，美元呈现对世界主要货币的大幅贬值趋势。自20世纪80年代初，以里根—撒切尔的货币主义为标志，美元出现了长达五年的大幅上涨。1985年“广场协议”（Plaza Accord）后，美元出现了新一轮长达十年的对日元与马克的大幅贬值。1995年克林顿政府期间，美国和日本、德国达成的“反广场协议”，改变美元对日元的贬值趋势，美元出现大幅上涨，涨势延续到2002年。2002年2月到2008年金融危机爆发，这一时期美元出现一轮大幅下跌。经过2008—2011年的震荡后，2011年4月—2016年12月，美元出现大幅上涨。美元走势的周期性大幅变化的背后，是超级金融资本与政治力量合谋，操控世界市场，收割超额利润，构成了世界范围的资本市场特别是股市波动的重要推手（克林顿时期美国股市的繁荣以及2011年后美股的大幅上涨，正对应于美元在这一时期的持续走强）。

在1968—1980年的十余年中，美国霸权因“信号危机”而在与苏联的全球竞争中处于守势。布雷顿森林体系的瓦解对世界资本主义经济体系、普遍和激进的学生运动对传统西方意识形态的双重冲击，使得美国主导下的西方阵营呈现摇摇欲坠的态势。这导致苏联决策层出现了严重的战略误判：1968年入侵捷克斯洛伐克，1969年入侵中国珍宝岛，尽管均未演化为大规模冲突，但都显示苏联在处理社会主义阵营内部矛盾时，习惯于倚仗武力，恃强凌弱。这种带有巨大攻击性、蛮横粗暴的超级军事帝国形象，导致苏联无法改善与西欧国家的关系，进而无法瓦解西欧与美国的同盟。尽管欧洲各国在布雷顿森林体系崩溃后承受主要代价，对美国心怀不满，但**在金融领域咄咄逼人的美国与政治—军事领域咄咄逼人的苏联**之间，它们只能选择前者[27]。苏联的超强军事力量反而被美国利用，大大地降低了它用于维系盟友关系的成本，构成了一种另类的“权力膨胀”，帮助美国在出现“信号危机”后维持和巩固了霸权。这一阶段，苏联与中国自20世纪60年代中苏论战以来恶化的关系始终没有改善，抗美援越的共同纽带也未能帮助两国在更大范围内建立合作，美国则富有战略眼光地选择与中国改善关系。1972年2月21日尼克松访华，2月28日双方签署《联合公报》(《上海公报》)，标志着中美关系的明显变化。1979年1月1日，中美正式建交，不但意味着中美关系实现正常化，更意味着苏联在与美国的竞争过程中即将陷入空前的被动局面，美苏博弈的格局发生了有利于美国的决定性变化。苏联于1979年12月对阿富汗发动的大规模侵略，既是其70年代全球战略攻势的顶点，也是终结。

进入20世纪80年代，美苏之间全球战略的攻防之势逆转。中国融入美国主导的世界体系，大大增强了这一体系的实力、纵深与活性，美国于里根时代开始集中力量对苏联进行全面战略挤压。其一，在经济上，以“货币主义革命”推动美元大幅升值，引发黄金与石油价格在80年代的惨烈下跌，减少乃至切断对苏联的贷款与天然气进口，使深陷阿富汗战争与国内转型困境的苏联经济遭受极为沉重的打击。这是美国利用金融手段实现政治意图的典型案例。其二，在军事上，“两个战争”的新战略取代70年代的“一个半战争”战略，提出建立多层次、多手段的反弹道导弹综合防御系统的“星球大战计划”，逼迫苏联进行高成本军备竞赛，并支持以“阿富汗圣战者伊斯兰联盟”为代表的阿富汗反苏武装力量，将苏联拖入战争僵局。其三，在政治上，支持以波兰团结工会为代表的东欧反对派力量，造成华约集团内部的政治矛盾显性化，破坏华约集团的整体协同，加大对苏联领导层的和平演变力度，培养苏联体系内的反对派。1985年带有明显西化特征的戈尔巴乔夫上台，标志着美国这种对苏联上层集团的政治渗透获得决定性突破。戈尔巴乔夫所推行的“**新思维改革**”，不但没有缓和和化解苏联社会长期以来积累的各种矛盾，更因其极度鲁莽草率而造成这些矛盾的集中爆发。[28]正是在这种背景下，叶利钦为代表的政治反对派得以崛起，苏联陷入全面的政治—社会危机，苏联共产党的权威、社会整体认同和国家—政党领导机制迅速瓦解。这最终引发了苏联这一拥有众多民族和加盟共和国的超大型联合体，于1991年12月25日解体。

苏联在冷战中灾难性的失败，是诸多方面因素共振所致，也是负面效应在特定历史条件下被急剧放大的产物，但根本原因无外乎内外两方面。

就内部而言，苏联共产党和人民的关系始终是单向度的，即党是人民的领导者、监督者、教育者。这种单向度的党群关系，本质上是一种颠倒了的、黑格尔意义上的“主奴辩证法”。党作为觉悟了的“主人”，主动放弃了对“奴隶”即群众的统治地位，它拯救了人民，成为人民的依靠和救世主，它从外部灌输人民做主人的意识，因而比人民更高明更伟大。建立在这种本质即不平等的党群关系基础上的制度，特别需要依靠革命理想维系上下的共识。当苏共长期执政地位的形成与固化，对外摆脱了严酷的斗争环境，对内党的革命热忱和革命理想逐渐退化，这种强调单方面的领导、支配、教育关系的制度，便演变为缺乏人民主体参与的、高度僵化的官僚统治模式。这种模式最终导致苏共的高层被西方和平演变后，党的集体组织无法有效应对自身瓦解的过程，而广大民众在如此深刻影响自身命运的国家制度和社会结构的剧变中，自始至终只能扮演**旁观者**的角色[29]。

就外部而言，苏联即便在其国力全盛时期，相对于美国在世界体系中的主导地位，依然是弱势的，二者的地位可以类比于拿破仑执政时期的法国与英国。美国利用美元在世界金融体系中的核心地位，在一定阶段内无视外部约束，发行超大规模的美元并使其被各国接受，这让美国拥有远远超越一国范围的调动、组织、整合资源的能力，特别是掌握着各种资产、商品、资源的定价权。在苏联的整体产业结构中，与军事—工业相关的领域占比极大，因而这种重要物资定价权被对手所掌握的局面，对其整体经济运行的影响尤为突出。苏联尽管也有超国家体系（华沙条约组织）作为支撑，但其深度、广度、厚度均远弱于美国，加上华约成员国嵌于世界金融体系之中，也不可避免地要为处于体系核心的美国进行利润输送。苏联式计划经济的实践，既加剧了产业结构的僵化，也让它在和美国进行军备竞赛的过程中遭受特别巨大的内部财政压力，而这种压力对于美国，既可以借助过剩美元的发行得以化解，更能转化为市场经济意义上的“拉动内需”。

如果说上述与美国竞争的不利条件带有必然性的话，那么苏联与西欧关系的持续紧张，对处在其直接影响下东欧国家及其共产党组织的粗暴干预和操控压迫，向阿富汗发动的大规模入侵，则是重大战略失误。苏联不但没有坚持列宁所倡导的团结世界范围内被压迫民族的事业，还显露出与美国相似乃至更强烈的依靠军事手段解决争端的大国沙文主义（社会帝国主义）倾向，这也就无法通过与非西方阵营国家建立统一战线转化世界体系中的地位。特别是与同属社会主义阵营的中国的关系破裂，使得苏联在战略纵深和资源整合上进一步落后于美国，从而影响了此后争霸失败的最终命运。

苏联及整个华约组织的解体，标志着冷战的结束。美国成为唯一的超级大国，对手的自我摧毁使得美国取得了超乎其想象的胜利，用美国保守主义者的比喻，这是一种类似罗马对迦太基的胜利。这种资本主义扫除所有对手并一统全球的景象，催生了日裔美籍学者弗朗西斯·福山（Francis Fukuyama）所提出的“**历史终结论**”——将黑格尔的历史哲学以浅薄生硬的方式套用于后冷战格局，宣称人类历史将终结于自由市场经济与民主政治[30]。然而，罗马于公元前146年灭亡迦太基后不久，国内的阶级矛盾与社会矛盾便迅速激化，演化为公元前133—前121年格拉古（Gracchus）兄弟进行的民主改革遭到元老与贵族猛烈攻击而失败被杀的惨剧，由此拉开了罗马内战的序幕。苏联这个最大对手的解体，使美国失去了利用苏联的威胁将盟友团结在自己旗下的最大理由，也失去了将各种问题归结于苏联的存在并获得内外认同的“权力膨胀”机制，而不得不独自承担作为唯一超级大国的种种代价。北大西洋公约组织依然保留着，但无论怎样强调其继续存在的意义，也掩盖不了因苏联威胁的消失，欧洲各国希望自己主宰命运的想法不断加强的事实。

在欧洲，苏联从东欧国家的全面退出，帮助成就了1990年10

月3日德国的再次统一（以原德意志民主共和国并入德意志联邦共和国的方式）。在苏联解体的前夕，1991年12月10日，欧共体首脑会议通过了《欧洲联盟条约》（《马斯特里赫特条约》），决定将欧共体改称为欧洲联盟，并正式设定欧盟内部发行统一货币的条件。1998年欧洲中央银行成立，1999年1月1日起，欧元在欧盟各成员国范围内正式发行，成为世界金融体系中除美元之外第二种具有法定货币地位的超国家性质的货币。2002年1月1日，欧元正式进入流通。自二战以来，美元体系第一次遇到了真正的挑战对手。欧洲这种实质性的整合，在冷战对峙的格局下几乎是不可想象的。美国赢得了冷战，却面临着它的盟友越来越强的离心倾向，以及它们联合起来进行的围绕世界金融体系主导权的斗争。

比尔·克林顿（Bill Clinton）于1992年11月美国大选中战胜带有冷战胜利者光环的老布什，从另一个角度反映出冷战胜利并未为美国的普通民众带来实质性收获的事实。在克林顿执政的八年中，通过"克林顿经济学"，实现了低失业率、低通胀率和高速经济增长的目标，甚至令政府财政状况由赤字转为盈余，同期以互联网为代表的新经济迅猛发展，资本市场高歌猛进。在此背景下，推进全球民主化与积极对外干预，成为美国外交的主旋律。这一时期，欧盟依然习惯性地保持对美国的追随，而俄罗斯初步稳定了国内局面，尚处于经历苏联解体和休克疗法剧痛后的疗伤阶段，1999年的科索沃战争正是这种格局下的产物。这场战争给当时的南斯拉夫联盟人民带来巨大的损失与伤害，令新生的欧元遭遇重大挑战

(欧元兑换美元的比例由战前的1:1.07暴跌至1:0.82)，却并未动摇欧洲一体化的进程。在南联盟被迫签署停战协定并从科索沃撤军后，俄罗斯空降部队于1999年6月10日抢在北约军队之前占领科索沃首府普里什蒂纳的斯利季奇机场，是在北约势力伸向巴尔干大局已定的情势下，具有象征意义的局部反击与实力展示，标志着俄罗斯政治意志与实力的初步恢复及其与西方蜜月期的正式结束。

就中国历史而言，这场美国主导下新干涉主义战争的最大后果，或许是发生于1999年5月7日深夜(北京时间5月8日凌晨)，中国驻南斯拉夫大使馆遭受美国B-2轰炸机发射五枚直接攻击导弹(JDAM，GPS制导)“误炸”，导致三人死亡、二十余人受伤。“炸馆事件”引发了中国人民的普遍义愤和严正抗议，在处于20世纪90年代经济转型大潮的中国人心里形成重大的冲击，让数亿中国人从美国主导的全球化的幻想中摆脱出来，促进了整个民族在全球化过程中的心理成熟，激活了毛泽东时代形成的赶超式发展的基因，大大加速了中国军队的现代化进程，这种觉醒进而化为支撑中国此后高速发展的深层心理动因。相反，克林顿时代繁荣的背后，美国的冷战红利已经所剩无几。

美国在进入21世纪后，以2001年的“9.11”事件为标志，转入以推进全球反恐战争为核心的新阶段。恐怖主义作为一种高度不对称的打击手段，令美国本土自南北战争结束后第一次受到带有战争性质的外来打击。作为美国标志性建筑的纽约世界贸易中心双子塔在众目睽睽下轰然倒塌，2996人丧生，五角大楼遭遇飞机撞击而受损，极大地动摇了长期以来美国作为洲际极的岛屿所享受的安全保障。面对这种前所未有的损失与威胁，武力空前强大而内心空前焦虑的美国，选择将阿富汗与伊拉克作为打击对象，在没有联合国授权的情况下发动了针对这两个主权国家的战争，使自己落入类似越南战争的巨大泥沼。恐怖主义袭击以及阿富汗战争与伊拉克战争，现实地否定了福山的“历史终结论”。正是在此背景下，2008年在美国首先爆发并席卷全世界的金融危机，宣告美国霸权“垂死危机”的到来。

“非霸权支配”的过渡

南北战争的结束奠定了世界霸权开启新一轮过渡的基础，自珍珠港事件以来，美国无疑是世界战略格局中受益最多的国家，其认同循环机制的积极因素体现得极为充分。黄金—美元体系的瓦解与越战的失败，使其于20世纪70年代短暂地转入针对苏联战略的守势。进入80年代后苏联的急剧衰落乃至最终解体，成就了美国在90年代初期一极独霸的地位，也令其统治阶层与意识形态部门产生了寂寞无敌乃至历史终结的幻觉，却忽略了造成70年代危机的核心因素并未消亡且更为强大的事实。在克林顿时期，美国国家形势与政治认同的相互强化达到了顶点，但盛极而衰，它同样无法避免因帝国扩张停滞而陷入整体性危机的历史规律。“9.11”事件是这一过程启动的标志，2008年的世界金融危机，则是长期以来累积的各种矛盾的总爆发。

这场金融危机，其直接起因在于次级抵押贷款（Subprime Mortgage Loan）市场出现的严重违约。其诱因则在于旷日持久的伊拉克战争与阿富汗战争所导致的巨额财政赤字，更可以追溯到1971年美国政府通过史密森协定事实放弃美元金本位制与1973年美元固定汇率制的正式废止，以及由之引发的布雷顿森林货币体系的崩溃。美元与黄金脱钩进而建立单一美元本位的核心国际储备货币，这一事件的实质在于美元发行放弃了外部约束，使得美元主权信用的恶性透支成为可能。这种信用可以无限透支的幻觉，既是资本追求无限增殖的产物，也通过资本逻辑加以实现。以资本统摄一切社会资源，以金融资本统摄产业资本，这是建立在信用无限透支假设上的资本逻辑不断延展的后果。而通过这种信用透支所带来的物质财富增加和生活质量提高，本身又与美国社会的政治认同相契合，因而这种以超前消费和资源的过度攫取为标志的生活方式，反被认作美国社会之优越性所在，而被赋予了正面甚至神圣的价值。

正是在这个过程中，通过金融虚拟化与经常性的货币超发，取代实体产业的发展，以此维系国家核心竞争力，上升为美国的国家战略，从而造成金融市场的急剧膨胀，实现美元从货币符号向具有独立商品属性—价值的实相化转换。以投资银行为代表的金融资本，不断地放大所使用的杠杆比例，并创立各类新型的金融衍生产品，以此获得超额利润。对照如此丰厚的投资回报率，自20世纪60

年代此以来便已呈竞争力下降趋势的美国制造业，进一步丧失研发创新乃至自我发展的动力，从而造成整体制造业的持续萎缩与大规模迁移，美国东北部—五大湖区域的老工业基地沦为“铁锈地带”。

金融市场的过度膨胀与制造业的空心化，共同导致美国家庭、产业、政府的多重赤字不断延续与恶化，到2008年金融危机爆发前，美国的政府债务达8.99万亿美元，家庭债务达12.68万亿美元，在GDP的占比分别为62.8%与88.6%。松弛标准下的过度借贷与美元信用泛滥产生了海量的次级贷款（次级按揭），这部分风险资产又通过投行所创设的各种带有杠杆的金融工具加以证券化。由于此类金融工具的创设被包装在复杂的技术外观下，非专业人士根本无从判别其真实情况，这种将含有高杠杆的风险资产证券化的手段，在危机爆发前的几年中被认为是对冲与缓和风险的良方。金融危机，正是伴随一连串资产证券化对冲工具的“偶然”失效（黑天鹅事件）而爆发的。贝尔斯登、雷曼兄弟、美国国际集团、美林证券、华盛顿互助银行等，一批深度介入次贷资产证券化的巨头遭遇破产（或被收购）。房利美与房地美这两家美国最大的非银行住房抵押贷款公司被政府接管，甚至连花旗银行、摩根士丹利、高盛这样的超级金融巨头也受到了严重的冲击。因超高杠杆破灭而引发的、对美国资本市场特别是市场巨头的杀伤力，甚至超过了1929年的大危机。

为了应对2008年金融危机，美国开启了由美联储充当“最后贷款人”的量化宽松（Quantitative Easing）政策。这一政策从最初收购有毒资产、稳定信贷市场的权宜之计，发展为持续多年的常规性操作，其根本特点在于由美联储在没有商品或物质价值的实体支持情况下，扩张其资产负债表，通过定期购买有价证券（特别是国债）向市场持续注入流动性。这一做法，与美国在20世纪70年代黄金—美元体系遭遇危机后的选择一脉相承：由信用破产所引发的危机，通过更大规模、更深程度的信用透支加以化解（本质上是拖延），直到更大规模、更深程度的危机爆发。2008年后，美国的国家债务规模不但未有收敛，反而呈现持续爆发式扩张的态势。到2013年，其国家债务达到16.73万亿美元，已超过当年的GDP 16.6万亿美元（2013年10月1日起，政府关门长达两周）。此后，美国国家债务仅用了六年的时间又增加了6万亿美元，特别是2018财年和2019财年的新增数额均超过1.2万亿美元（2018年12月22日—2019年1月25日，美国政府出现了长达35天的创纪录停摆）。2019财年，美国国家债务达到创纪录的22.72万亿美元，相当于本财年GDP的106.5%，在新增1.2万亿美元财政赤字的背景下，美国名义GDP仅增长了8300亿美元。债务总额超过当年GDP，债务的增长超过经济的增长，表明自2008年以来一直采用的通过新增债务拉动经济的政策效应已经明显钝化了。与国家债务的高歌猛进相应，美国的家庭负债于2017年第一季度达到12.73万亿美元，也超过了2008年的峰值。而美国的政府、家庭、金融和非金融企业部门所产生债务总额，更是超过80万亿美元。这一切都表明，导致2008年金融危机爆发的各种因素，都伴随着美国经济的“复苏”而进一步强化了。

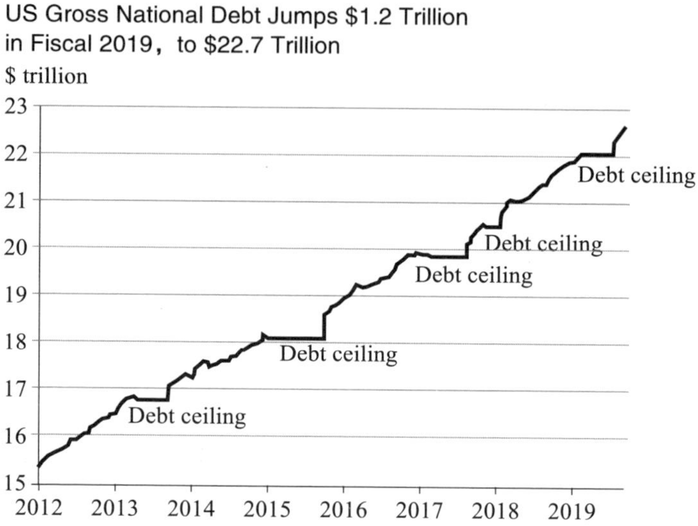

2012—2019年美国债务规模变化情况

（资料来源：美国财务部）

若将上述一系列事件置于整个世界体系的演化中加以考察，可以发现，1973年至2008年金融危机爆发前的美国霸权，与1873年至一战前的英国霸权，存在某种耐人寻味的**相似—对应关系**[31]。

1873—1896年，欧洲经济大萧条期间，伴随着严重的通货紧缩，资产价格与资本利润率持续下降，以致让人怀疑经济体系难以为继。从19世纪末至20世纪初的爱德华时代，利润率迅速恢复到较萧条前更高的水准，从而被形容为资本主义的流金岁月。

1973—1993年，美国经济长期低迷或持续停滞，是1965—1973年盈利能力危机及生产能力过剩的自然延续，直到“广场协定”及其后续协议在几年后，触发了美国制造业盈利能力以德国与日本工业的长期低迷为代价重新回升，并导致了20世纪90年代下半期开始的美国资本市场的繁荣与泡沫。

1873—1896年的大萧条与1973—1993年的低迷停滞，二者都呈现出主要资本主义国家盈利能力持续下降的特征，其主要原因均在于资本主义后发国家在赶超领先大国时的不平衡发展（对于前者是美国、德国赶超英国，对于后者是日本、德国赶超美国）。当后发国家赶上原来的先进国家后，世界范围内的生产能力过剩及与之相伴的利润率下降，便成为确定的趋势并不断自我强化。而这一趋势的扭转，至少在表面上，都建立在老的领先国家通过金融扩张实现盈利能力回升之基础上。英国利用金融业及以中介业务为核心的服务业的优势，得以弥补其在工业领域的不足。[32]美国则直接操纵干预了美元的大幅度汇率变动（在不同阶段采用不同的汇率干预策略），导致美国制造业利润率回升及外国资本向美国市场的涌流。然而，就深层而言，这只是处在衰落中的世界资本主义霸权中心，利用金融特权暂时恢复其盈利能力的权宜之计。它不但无法从根本上解决现实生产力过剩的问题（其受益人群的范围也是高度局限的，甚至以大部分人的**实际利益受损**为前提）[33]，还必然助长由于金融扩展所导致的资产价格高企和投资过度。而在此过程中形成的资产泡沫一旦破裂，将吞噬此前积累的盈利能力，引发整体经济的螺旋式下降。

放眼16世纪以来的霸权迭代历史，可以发现，一方面，荷兰与英国的霸权内在结构存在重大的差异：荷兰主要是商业中心，其维系的世界贸易体系也是较单纯的商业体系，而英国作为曾经的“日不落帝国”，更像一个普遍联系的世界体系的组织者和管理者。另一方面，其霸权转移的过程却又几乎遵循着同样的模式。霸权体系在其扩张过程中，引发了大国斗争激化和霸权争夺者在边缘地区涌现，霸权主导者因原有之经济、军事等优势逐渐弱化而遭遇危机，衰落中的霸权通过其主导的金融扩张暂时性地化解危机，直至危机以更猛烈的方式爆发。新霸权首先在经济、军事上取代老霸权，进而在老霸权之影响延绵最长的金融领域也获得决定性的胜利，最终开始**世界秩序的重组**[34]。

当下的美国，正如上文所分析的，与曾经的荷兰及英帝国呈现出高度相似的特征。自二战结束后“美国治下的和平”（Pax Americana）已持续近70年，在其最初的二三十年中，整个资本主义经历了异乎寻常的高度繁荣，可以与英国历史学家艾瑞克·霍布斯鲍姆（Eric Hobsbawm）所谓的1848—1875年“资本的年代”相媲美。自20世纪60年代中期，日本与德国实现制造业的重新崛起并成功赶上美国，1965—1973年的盈利能力危机，显示出美国主导的霸权因内部经济结构变化而遭遇重大问题，1973—1993年的经济持续低迷停滞，则表明这一问题已逐步演化为霸权体系危机。90年代中期，美国通过大规模金融扩张引发资本市场的空前繁荣，但是，这种由金融资本主导的繁荣反倒进一步强化了制造业的空心化倾向，以及对金融资产投资的依赖，进而模糊了产业资本的自我意识[35]。

以金融扩张缓解，对冲制造业竞争力不足，这与英帝国当年的策略选择本质上无别，但是，由于大量新型金融衍生产品和金融工具的创设，**金融与实体经济的背离程度**远远超过了当时之程量，甚而超出想象之极限[36]。这就意味着，由此带来的空前繁荣，必然决定了泡沫经济的空前水平和泡沫破裂后的空前危机。

当霸权遭遇危机时，满足于享受既有霸权体系所赋予的特权，既无法进行有效的自我调整来适应新的趋势，也无力创造出一种新的模式克服危机，这是霸权危机进一步深化并最终导致霸权体系瓦解的核心原因所在。在此意义上，美国正如同当年的英国一样，深陷于自己主导下的世界体系特别是金融体系的特权，以一种类似自我催眠的状态，淡化、回避、否认它所面对的真实深切的危机。

但与英国不同的是，美国没有类似印度这样的庞大海外殖民地，可以供其直接榨取现金与资源。霸权时代的英国可以在印度以几乎无偿的方式招募数目庞大的兵员，这些完全由印度人组成的军队是英国进行海外拓殖与战争的重要力量。而通过领土管理费（印度为其被剥夺的权利向英国付费的制度）这种极度不合理的要求，加上英格兰银行操控印度外汇储备和印度货币的汇率，利用印度对英国的国际收支赤字和对其他所有国家的顺差，英国将本国的贸易赤字直接转嫁给印度，从而保持与各国的收支平衡，维持以金本位为核心的国际货币体系中心和头号债权国的地位。[37]缺乏此种直接转嫁条件的美国，在应对越南战争和伊拉克战争时，一旦它们成为旷日持久的消耗性战争，就会造成美国国内极为严重的财政负担和社会问题。这是处于后殖民时代的美国霸权不得不接受的现实，尽管它拥有利用金融特权对其他国家发动金融战争、实施大规模财富掠夺的新型手段。

相较于之前的霸权国家，美国更快、更深度地成为债务国，严重依赖从其他国家及国际机构获得资金支持，这是此前的霸权国家不曾经历甚至不曾预期的新情况。这决定了霸权“通过从属群体认同而获得额外权力”的特质，在美国的表现比曾经的荷兰与英国更为突出。美国必须不断向其他国家，尤其是那些大量购买其国债、为其提供资金融通的国家，展示在全球经济中独一无二的中心地位，以及其军事—政治存在对于世界安全的不可或缺性。如果说西方意义上的霸权，从来都意味着某种不断向外征服、拓殖、扩展的张扬态度，美国则不但出于政治或文化的目的，更出于现实的利益，必须将这种张扬的态度发挥到极致。这种美国主导下的世界秩序，混杂着高度理想化特征的世界大同主义与高度实用主义的霸权诉求，即美国对世界货币与军事力量之控制的制度化。因此，在霸权的全盛阶段，美国将全球层面的暴力垄断转化为世界机构的正当权力，将发动的若干战争描述为世界警察的行为。

伴随20世纪60年中期以降的“信号危机”，原本潜藏在美国世界政府理想外衣下的利益诉求，越来越清晰直白地显露出来。陷入越战的泥沼，表明美国在贯彻其意图过程中遭遇了无法克服的困境，从而明白地宣告霸权的内在局限。小布什发动的伊拉克战争，以无视联合国的存在而恃强出兵为开始，标志着美国不但早已在名义上也在事实上，从罗斯福意义上的世界国家彻底转变为以武力征服、利益扩张为特征的传统帝国。况且，美国始终无力维系战后伊拉克局势的稳定，甚至造成国内巨额财政赤字进而引发整体金融危机，更表明从帝国的角度而言，它也是不称职的。美国不但无法给世界带去它所宣扬的安全稳定，其存在也会对世界其他国家的安全稳定构成威胁，甚至连自身的安全稳定都面临危险。

在此，美国陷入了一个巨大的**悖论**。美国的霸权比荷兰或英国都更依赖源自从属群体认同而获得的额外权力，所以美国比它的前任更需要不断发动针对“邪恶敌人”的战争，以证明自己对于维持世界安全稳定的不可或缺的重要性。但是，这样的战争恰恰导致世界对美国的普遍厌恶、恐惧以及认同的加速流失，从而进一步削弱了额外权力。试图巩固强化霸权的战争，变成了对霸权最有力的打击。从另一个角度看，作为发动伊拉克战争之主要意识形态的新保守主义，毫不掩饰地以“新罗马帝国”当作21世纪美国的自我期许，从而清晰深刻地点出了美国隐藏在自由主义话语背后的帝国本质。伴随着美国公开自比于罗马帝国而导致其帝国特征的强化，所有曾导致罗马帝国瓦解的要素，也因其召唤而更分明地呈现于它的现代继承者身上。

对帝国身份的强调，正意味着帝国的黄昏。

总的来说，2008年金融危机后的美国，利用美元的世界贸易结算货币地位，在基础利率已基本无下降空间的情况下，通过量化宽松的方式向市场持续增加美元供应，以向全世界征收美元铸币税的方式，将消化金融“有毒资产”、化解金融风险的成本转嫁给世界。在其政治道义资源因伊拉克战争严重受损的情况下，美国全面放弃霸权拥有者所应承担的责任，转而利用在世界体系中的特殊地位，“绑架”包括其长期战略盟友在内的其他国家，以此维系自身利益。在此意义上，美国尽管仍是一个在当今世界诸多领域拥有决定性影响的核心国家，却已经不再作为以引领全球为标志的霸权而发挥作用——**它由霸权退化为“非霸权支配”**[38]。

让美国再次伟大？

正是在这种霸权退化的大背景下，2016年特朗普的上台才得以实现（即使超乎美国及世界各国精英阶层的预期）。这种超预期性，既源自其自身经历中政治经验的缺乏、本人及整个竞选团队相对于传统政治精英的边缘化地位、对各种政治习惯与政治规则的经常性突破，更在于他对全球化的强烈抵触和重归孤立主义传统的诉求，从中流露出以“美国优先”（America First）为代表的系列主张。其实质则是借此突出美国相对世界其他部分的优先地位，实现全面战略收缩。

“让美国再次伟大”（Make America great again）的口号，无论特朗普在任期中如何宣扬其政策，又或者如何促进了这一目标的实现，本质上都是在承认美国已不再伟大即作为合格的霸权这一事实。

特朗普在就职第一天便宣布退出此前由美国主导的“跨太平洋伙伴关系协定”（Trans-Pacific Partnership Agreement），是以美国优先政策实施全球战略收缩最为清晰的表现。这与此后挥舞关税大棒，对各种与美国有重大贸易关系的国家发动**经贸摩擦/贸易争端**[39]，是一脉相承而逻辑统一的。在改善其国际贸易结构与国际赤字的借口下，美国的真实意图则是弱化与上述国家的关系，促使美国及其跨国公司将战略重心转回国内。中美经贸摩擦的特殊之处在于，美国不但提出加征关税的内容，还包含遏制“中国制造2025”计划、改变中国国有企业地位等国家战略层面的博弈。特朗普本人及其决策层成员对此又进行了某种带有意识形态色彩的渲染，让许多观察者生起中美之间可能发生“新冷战”的忧虑。然而，咄咄逼人的贸易争端，正如战斗中为了掩护撤退而猛烈进攻的炮火，恰恰反映并证实了美国进行战略收缩的实质。

如果过滤掉特朗普政府各种超乎寻常且往往自相矛盾的表达，会发现其政策主线及战略意图是清晰持续的。通过战略收缩，大幅减少美国政府的全球支出，并获得某些额外收益（如加征关税），从而改善美国的财政状况，促进制造业回流，拉动本国的就业，稳固和扩大其支持者群体的基本盘。但是，这一目标在一定程度上与财富早已全球化的跨国公司存在利益上的矛盾。特朗普为了获得这一有重要影响力群体的支持，一方面实施大规模减税，**巨富阶层与跨国公司**是这一税改方案的最大受益者[40]，另一方面则推动美国股市在已创新高的基础上，继续大幅上涨，道琼斯指数从2016年底的19000点左右涨到2020年初的29000点以上。美国股市是美国社会财富的重要容器，也是养老基金的主要投资渠道，一身维系着美国的整体金融乃至社会基本秩序。股市的超级财富效应，令美国在国家能力出现明显衰退的情况下，依然能保持经济社会的活力，使跨国资本集团虽然对特朗普的全球战略收缩政策有所不满但尚能接受。

特朗普政府所面临的最大困境之一，不在于同中国或俄罗斯的矛盾，不在于本人作为一个房地产富豪却希望可以代表美国的基层民意，甚至不在于民主党控制众议院发动的弹劾，而在于战略的核心——让具有高度独立性的“（公司总部）在美国的跨国公司”变为“属于美国的跨国公司”。换言之，试图让跨国公司服从于美国整体的国家战略，进而在超级跨国资本与主权国家的联盟关系中重新掌握主导权，使带有全球化倾向的互联网—金融资本，至少部分地让位于更属于美国本土的制造业与土地资本（如农业，自然资源，房地产等）。

作为其贸易争端的重点对象，在遏制中国5G产业发展的过程中，特朗普不顾以英特尔和高通为代表的资本，在过去的30年中，几乎获取了芯片领域中世界利润的70%—80%，强行要求美国企业对华为与中兴通讯进行产品禁运，甚至希望将整个中国的产业链排除在美国政府与公司的选择之外。这种粗暴干涉基本商业规则的行为，不但破坏了芯片行业“以美国为核心的科技生态圈”的互信基础，更严重违反了美国所长期倡导的“自由市场经济”原则而转向单边贸易保护主义。它试图打破全球配置资源和全球产业链体系，以一种“去全球化”或“逆全球化”的方式实现美国的**再工业化**。这是特朗普基于美国民族主义—国家主义（或称史蒂夫·班农意义上的民粹主义）、带有高度政治性的战略选择，也是一种基于现代工业体系、美国在世界工业体系中的定位而很难实现的任务。

相对于集设计、制造、管理、销售于一身的传统工业体系，现代工业体系的核心特征在于，伴随着20世纪90年代之后全球信息网络的贯通和金融服务网络的衔接，工业的每个环节都可以被单独拆分出来在全球范围寻找最适合的承包方，原先在一国之内的价值链通过大规模的离岸外包被转移到多个国家和地区，从而形成工业生产之序贯环节（从原材料开发、转运、加工，到产品设计、制造、销售）的**全球化价值链**[41]。这种全球化的价值网络与分工协作机制，使得复杂终端产品（由数以万计的生产环节构成）的性价比不断提升，智能手机的普及并深度融入全球几十亿人的生活，乃典型的例证。因此，较之传统工业体系的静态特征，现代工业体系是一个庞大复杂的动态系统，某种程度上，它更接近一种带有活性的生态系统，绝不可能被简单移植或机械复制。

经历了自20世纪60年中期以来产业不断空心化的美国，如果需要全面的再工业化，如同其高层所一再宣称的那样，不但要考虑激烈的国际竞争环境，更要考虑培育壮大这种富有活性的工业生态系统所需的整体环境与漫长生命周期。

就复杂工业产品的全球产业链而言，世界上最密集的创新产业集群分布在美国西海岸，在与设计相关的标准设置环节，美国占据着明显的优势，这导致其在整体产业链利润中占有很高比例。但这种产业利润链的高端地位难以惠及更广泛的人群，无法提供大量就业，且大量环节也被外包给以中国和印度为代表的其他国家。因而这种环节不但是工业体系价值链全球化的产物，且比工业体系的其他环节更依赖于这种突出其优势地位的全球化。这种全球化产业格局——美国利用核心技术优势和创新优势获得产业链中较高比例的利润，中国利用产业体系的完整性优势参与产业链中较多环节、创造较多就业，虽存在诸多不合理之处，但在特朗普政府发动贸易争端前尚能有效运行。特朗普政府对华为、中兴等中国企业的制裁，其本意在于利用美国企业掌握的核心技术优势，将中国企业排除在全球供应链之外，从而遏制中国企业在5G为代表的先进制造业领域的发展。其效果却是在一定程度上打破了中国对以美国为核心的科技生态圈的依赖，使得虽早已列入国家规划，但因原有全球化产业链的强大惯性而缺乏各方有效协同的“自主可控”战略，获得前所未有的重视，凝聚前所未有的共识。特朗普政府想促使美国企业与中国脱钩，来遏制中国及实现美国再工业化的目标，却影响了中国先进制造业发展的“去依附化”倾向。中国独一无二的**完整工业体系优势**[42]，与上升为国家意志的“自主可控”战略的结合，出现了构建更合理的全球产业链—价值链的全新可能。

特朗普政府为了阻止美国企业与华为的经济往来，不惜宣布进入“**国家紧急状态**”[43]，动用国家权力对抗资本在全球配置资源权力。这不但损害了跨国公司的利益诉求，更是美国自19世纪以来作为世界资本“自由港”定位的背离，动摇了16世纪以来超级跨国资本与霸权国家的合作基础。他没有意识到（或意识到却不愿承认），美国很大程度上是被超级跨国资本深度渗透的，以这种力量去逼迫资本就范，正如想抓住头发使自己离开大地一样不切实际。他越急切地想促使“在美国的跨国公司”变为“属于美国的跨国公司”，越会引发跨国资本特别是互联网—金融集团的不满，越会加深他们对美国国家实力是否足以维系双方同盟关系的猜忌。

美国对美元信用的无限透支，特朗普政府强烈希望维系股市上涨的意愿，以及超级跨国资本集团的强大金融手段（核心是发行低利率的巨额公司债，用于回购公司股票），使得这一时期的公司及美国的资产价格特别是核心股票价格出现了大幅上涨，其上涨幅度完全脱离了美国的经济基本面。

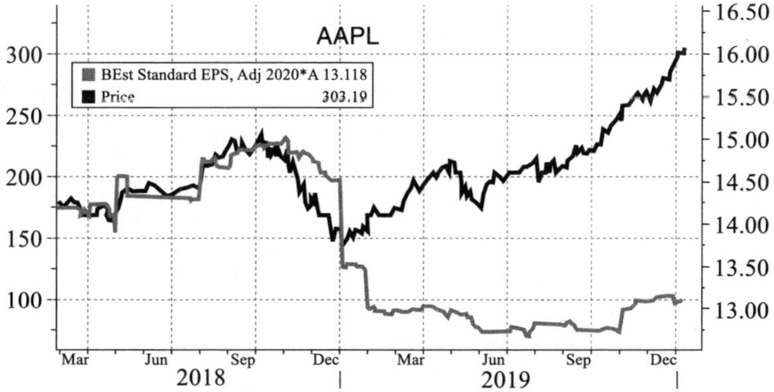

苹果近年股票走势

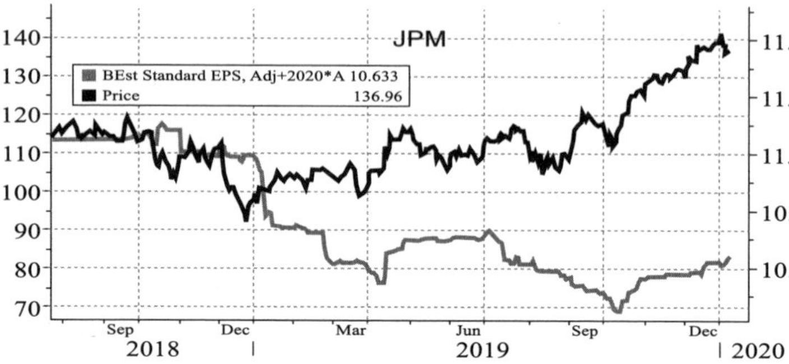

J.P. 摩根近年股票走势

特斯拉近年股票走势

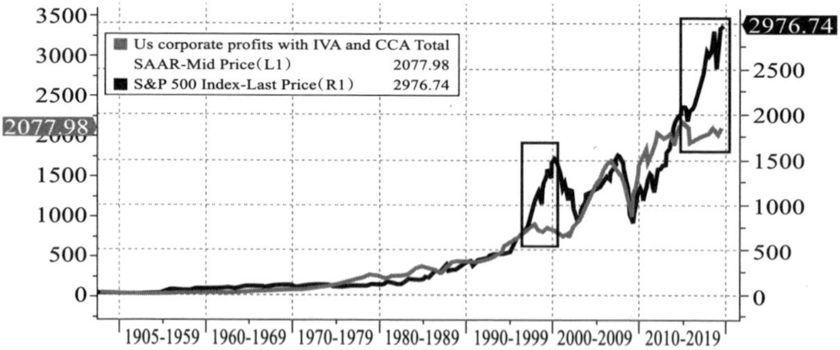

美国百年来标准普尔（S&P）500指数走势

2018—2019年全球标普500指数与流动资产对比

前四幅图中，灰线表示EPS（Earning Per Share，每股平均回报），黑线表示股价。2019年，苹果（APPL）、J.P.摩根（JPM）、特斯拉（TSLA）在蓝筹股、金融股、科技股当中有代表性的三只股票，都出现“EPS不涨，但股价高涨”的走势，与以前的历史时期明显不同。第四幅图说明标准普尔500指数的走势也是如此。第五幅图则说明当前股价与EPS脱钩，而直接与新增货币发行量挂钩。[44]

特朗普政府追求的“再工业化”，收获的却是现实中“资产加速虚拟化”。而对他寄予深切期待的底层社会群体，恰恰被排除在与股市上涨相关的财富效应之外。这种在特朗普的支持者群体与其政策的最大受益者之间的严重错位，标志着美国社会围绕特朗普当选而暴露的分裂非但没有缓和，反而进一步深化。这种深刻的矛盾不但发生于中下层民众与精英阶层之间，在精英阶层也有体现。

2020年2月4日，在特朗普发表国情咨文后，此前试图与他握手却被无视的众议院议长佩洛西，将讲稿副本当众撕为两半。这比民主党对特朗普的弹劾案，更直观鲜活地体现了美国精英阶层的“撕裂”。

2020年2月的最后一周，美国股市三大股指均出现了超过10%的大幅下跌，在3月9日与12日，美国股市更是出现了史无前例的一周内两次因跌幅过大触发熔断机制的情况，短短三周，道琼斯指数从29000点跌至21000点，市值蒸发超12万亿美元。它充分展现了依靠新增货币支撑之股市上涨的脆弱性，为美股自2009年以来的超级牛市画上句号。

在伴随而来的新冠疫情爆发的过程中，虽然美国的医疗水平居于全球先进地位，但其医疗体系高度倾向于富裕阶层，而较少惠及中产以下人群，更有大量的贫困人口被排除在医保体系之外。尽管美国的广义政府人员队伍非常庞大，但在应对突发性公众卫生事件时，则会突出“小政府，大社会”的特征，公共卫生事件的主要压力由社会进行承担，即令民众用自己的财力与生命力对抗疫情。在这种任底层民众自生自灭的模式下，即便致死率并不高的大规模传染病，也往往会导致非自然死亡人数的大幅飙升，而与之相应的，民众的心理预期会大幅下降，简而言之，选择“认命”。

相对于新加坡与日本相对平衡的医疗资源分布，他们采用相似的优先保证社会秩序正常运行的应对策略，却让美国的应对模式更直白地显露出对底层民众的漠视。而这一模式能够维系，直接建立在意识形态话语权和群体心理操控手段的基础上，相对于美国衰落的国家能力，其舆论掌控能力可谓一枝独秀。然而，新冠病毒既不会被各种意识形态话语所迷惑，也无法对其进行心理操控。它具有极强的传播性和“挤兑”医疗资源的特征，因此，防控疫情本质上是医疗体系与其他部门的有效协同，或者说，对整体国家能力的考验。总之，过度依赖舆论操控术，无视中国抗疫经验，服务业在国民经济中过高的占比，共同导致美国虽拥有最为丰富医疗资源与先进的突发公共卫生事件应对机制，却一再错失防控疫情的时间窗口，几乎坐视新冠疫情在全美无可挽回的大爆发。从历史进程看，如同黑死病的流行构成13世纪世界体系瓦解的重要诱因，2020年新冠疫情的全球爆发，会让本已出现重大失序的16世纪以来世界体系加速趋向根本性重组。

一系列国际组织的成立和运作，跨国公司的空前扩张，过剩美元的全球流通与周期性波动，美国式主流意识形态的持续输出，都表明了美国霸权具有前所未有的全球化特征。相对于这种与之前的霸权区分开来的根本特征，它的孤立主义传统恰恰是某种点缀与反衬。正因如此，自2016年特朗普当选后美国的孤立主义转向，与其说是霸权有意识的选择，不如说是霸权“垂死危机”出现后的本能反应，与此前美国遭遇“信号危机”时相似，同样显得极端自我与咄咄逼人。

就霸权结构及历史而言，美国霸权无疑将走向终结，但体现其既有霸权逻辑的世界体系仍在延续，在它被新的世界体系完整取代前，美国还可以至少部分地维持这种“非霸权支配”的地位。英国在一战后扩大了它的海外殖民地，2008年金融危机后美国股市屡创新高，正是这种“非霸权支配”地位的显现，也是旧世界逻辑在彻底终结前的回光返照。这一阶段，类似一战结束至二战结束之间的时代，可以视作新旧世界体系的某种过渡状态。值得注意的是，这个阶段的世界较之以往充满更多不确定因素，拥有更丰富多样的可能。

【注释】

1 阿瑞基，《漫长的20世纪》，2011，68—69页。

2 Barratt-Brown（1963）*After Imperialism*, p. 63.

3 在第一次世界大战前夕，美国大约有70亿美元外债，其中三分之二属于英国的债权人。凯西斯，《资本之都——国际金融中心变迁史（1780—2009年）》，中国人民大学出版社、中国金融出版社，2011，101页。

4 de Cecco（1984）*Money and Empire: The International Gold Standard*, pp. 120-121.

5 凯西斯，《资本之都——国际金融中心变迁史（1780—2009年）》，2011，133页。

6 赫德森，《金融帝国：美国金融霸权主义的来源和基础》，中央编译出版社，2008，42—44页。

7 Barraclough（1967）*An Introduction to Contemporary History*, p. 121.

8 列宁所主张的民族自决权与威尔逊主义最大的差别在于，“民族自决权不再是与欧洲的社会主义运动无关的、仅仅是东方反对民族压迫和奴役的局部斗争，而是构筑全球性的反对帝国主义革命战线的现实可行的战略问题。所有这一切不但标志着社会主义外交思想及其实践的诞生，而且也意味着俄国革命者已经将被压迫民族纳入‘革命阶级’的范畴——20世纪的革命并不仅仅是工人阶级的革命，而且也是一切被压迫人民的革命”。参阅汪晖，《十月的预言与危机——为纪念1917年俄国革命100周年而作》，《文学理论与批评》2018（01）。

9 参阅 Eichengreen / Portes（1986）“Debt and Default in the 1930s. Causes and Consequences”；阿瑞吉、西尔弗，《现代世界体系的混沌与治理》，2006，82—83页；凯西斯，《资本之都——国际金融中心变迁史（1780—2009年）》，2011，135—140页。

10 参阅 Drummond（1987）*The Gold Standard and the International Monetary System, 1900-1939*, p. 40; Marichal（1989）*A Century of Debt Crisis in Latin America: From Independence to the Great Depression, 1820-1930*, p. 209；赫德森，《金融帝国：美国金融霸权主义的来源和基础》，2008，60—69页；凯西斯，《资本之都——国际金融中心变迁史（1780—2009年）》，2011，156—162页；波兰尼，《巨变：当代政治与经济的起源》，2013，87—88页。

11 由于美国的股市受到国际资金的支撑，在欧洲的股票市场早已见顶后（从1927年春的德国股市到1929年春的荷兰与法国的股市），1929年9月前美国的股市依然很强劲。布罗代尔指出：“任何城市，当它位居一个经济世界的中心，就要首先在经济体系中发动定期的地震，并随后也最早真正复苏。有了这条规律，我们将用另一种观点去观察1929年华尔街出现的黑色星期四，在我看来，这黑色星期四其实表明了纽约已经开始登上领先的地位。”参阅赫德森，《金融帝国：美国金融霸权主义的来源和基础》，2008，59—60页；布罗代尔，《十五至十八世纪的物质文明、经济和资本主义（第三卷）》，2017，333页。

12 在二战结束时，美国的工业生产总值几乎占世界的三分之二，美国的黄金储备价值246亿美元，约19925吨，占当时整个世界黄金储备总额的74.6%。

13 Schurmann（1974）*The Logic of World Power. An Inquiry into the Origins, Currents, and Contradictions of World Politics*, p.44, p. 68.

14 Schurmann, p. 5, p. 67, p. 77.

15 阿里吉，《亚当·斯密在北京：21世纪的谱系》，2009，149—151页。

16 霍布斯鲍姆，《极端的年代：1914～1991》，中信出版社，2014，322—325页。

17 参阅赫德森，《金融帝国：美国金融霸权主义的来源和基础》，2008，第七章，第十章。

18 参阅 Krasner（1979）"The Tokyo Round: Particularistic Interests and Prospects for Stability in the Global Trading System"；赫德森，《金融帝国：美国金融霸权主义的来源和基础》，2008，第九章。

19 美联储将美国划分成了12个储备区，每一个储备区内分别成立一家具有独立法人资格的地区储备银行，每个地区储备银行的股份，由该储备区内的会员银行根据每家银行的资产数量按比例认购，因而其会员银行超过2000家。作为美联储重要组成部分的纽约储备银行，在1914年5月19日向货币审计署报备的文件上记录着股份发行总数为203053股，其中洛克菲勒和库恩雷波公司所控制的纽约国家城市银行为第一大股东，持有3万股，J.P.摩根的第一国家银行拥有1.5万股。这两家在1955年合并为花旗银行后，拥有美联储纽约银行近四分之一的股份。参阅穆林斯，《美联储的秘密》，吉林出版集团有限责任公司，2011，第三章。但是，即便这一比例一直没有发生变化，由于2009年后花旗银行股权结构的重大变化，无论是花旗银行还是纽约储蓄银行，都很难再用传统意义上的"私人所有"加以概括。

20 在全美12个联邦储备区中，纽约储备银行行长拥有联邦公开市场委员会的固定名额，其他11个区的联邦储备银行行长轮流担任剩下的四个执行委员。

21 美国国际政治经济学学者罗伯特·吉尔平（Robert Gilpin）基于美国跨国公司通过对外投资获得外国经济的掌控权，将其类比于重商时代的贸易公司（以荷兰式的特许股份公司为代表），是看到了效果与实力的相近，而忽略了二者对国家依赖与认同程度的根本差别。Gilpin(1975) *U.S. Power and the Multinational Corporation: The Political Economy of Foreign Direct Investment*, p. 11；阿瑞基，《漫长的20世纪》，2011，81—82页。

22 Brenner(1998)"The Economics of Global Turbulence: A Special Report on the World Economy, 1950-1998"；赫德森，《金融帝国：美国金融霸权主义的来源和基础》，2008，270—282页；阿里吉，《亚当·斯密在北京：21世纪的谱系》，2009，98—99页。

23 阿里吉，《亚当·斯密在北京：21世纪的谱系》，2009，148—153页。

24 1971—1973年，美元对日元的贬值达到28.2%，1969—1973年，美元对马克的贬值程度则高达50%！为了迫使日本接受日元升值，美国威胁日本若不就范，便通过一种特别单边关税，限制日本对美国的出口品种，这是后来"广场协议"的先声。针对联邦德国，美国则以撤军相威胁。赫德森，《金融帝国：美国金融霸权主义的来源和基础》，2008，309—310页。

25 赫德森，《金融帝国：美国金融霸权主义的来源和基础》，2008，305—311页。

26 关于1973年石油危机与石油—美元体系的产生，参阅恩道尔，《石油战争：石油政治决定世界新秩序》，知识产权出版社，2008，第九章。

27 美国在谈判中迫使联邦德国就范的最重要武器，就是威胁撤军。面对来自苏联军事力量的强大威胁，联邦德国只能接受美国的几乎所有经济诉求。即便本身拥有核武器且对美政策保持很高独立性的法国，由于苏联集团的巨大压力，也只能选择与美国继续保持联盟并接受其领导地位。

28 戈尔巴乔夫的"新思维改革"，本意或是想模仿1921—1928年的"新经济政策"，通过市场化方式推动经济复苏。但就现实效果而言，这场以重建（政治与经济并行）为名的改革，对旧体制进行了无尽的破坏，却无力建立一种哪怕低水平的新机制加以替代，而公开化所带来的政治权威的瓦解以及意识形态领域的严重失控，使得这种困境被无限放大。在这种危机时刻引入竞争选举，不但导致社会矛盾进一步激化，更助长了各加盟共和国本已十分严重的分离倾向。列宁“新经济政策”播下的种子，却由戈尔巴乔夫的“新思维改革”生出祸乱的跳蚤。参阅霍布斯鲍姆，《极端的年代：1914～1991》，2014，590—598页。

29 参阅鄢一龙、白钢、吕德文、刘晨光、江宇、尹伊文，《天下为公：中国社会主义与漫长的21世纪》，中国人民大学出版社，2018，第一章，特别是27—31页。

30 代表作品为福山于1989年发表的论文“The End of History? ”（《历史的终结?》），以及1992年在此基础上扩展而成的书 *The End of History and the Last Man*（《历史的终结与最后的人》）。福山对黑格尔哲学的理解，基于法国哲学家亚历山大·科耶夫（Alexandre Kojève）对黑格尔的独特解读，如果说科耶夫对黑格尔是带有深意的误读，那么福山的上述作品则是对误读的误读。

31 Brenner（1998）“The Economics of Global Turbulence：A Special Report on the World Economy，1950-1998”；Brenner（2002）*The Boom and the Bubble：The U. S. in the World Economy*, pp. 9-24；阿里吉，《亚当·斯密在北京：21世纪的谱系》，2009，93—115页。

32 英国工业的衰落恰恰促成其金融的获胜，英国几乎没有抵触地从世界工厂转型为世界支付体系的发货人、交易商和中间人。Hobsbawm（1968）*Industry and Empire：An Economic History of Britain since 1750*, p. 125。

33 在英国，19世纪90年代中期之后实际工资出现全面下降，扭转了此前半个世纪的上升趋势。在美国，“广场协议”签署后美元对马克和日元持续大幅贬值的十年，也是美国实际工资增长冻结的十年。Saul（1969）*The Myth of the Great Depression*，1873-1896，pp. 28-38；Barratt-Brown（1974）*The Economics of Imperialism*，Table 14；Brenner（2002）*The Boom and the Bubble：*

The U. S. in the World Economy, pp. 60-61。

34 阿瑞吉、西尔弗，《现代世界体系的混沌与治理》，2006，45—89页，特别是69—75页；阿瑞基，《漫长的20世纪》，2011，30—94页。

35 Krippner（2005）“The Financialization of the American Economy”.

36 2007—2010年，全球金融衍生品每年名义额存量分别为630万亿美元、743.5万亿美元、637万亿美元和618万亿美元（金融危机后略有下降），分别为各年全球GDP总量的11.81倍、12.57倍、10.9倍和10.13倍。

37 Tomlinson（1975）“India and British Empire，1880-1935”；阿瑞吉、西尔弗，《现代世界体系的混沌与治理》，2006，71—72页；阿里吉，《亚当·斯密在北京：21世纪的谱系》，2009，132—135、190—193页。

38 Guha（1992）“Dominance without Hegemony and Its Historiography”.

39 美国发起贸易争端的对象除中国外，还包括加拿大、墨西哥这样的邻国和欧盟、日本、韩国这样的传统盟友，甚至长期以来对美国保持温顺态度的澳大利亚也在潜在名单之列。

40 这一方案主要有以下几点：个人所得税中针对富人的最高档税率下调，还废除了让这一群体很头疼的替代性最低限额税；企业所得税从35%大幅降至20%，特别针对跨国公司为避税而囤积在海外的数万亿美元利润，规定只需一次性缴纳14%便可合法汇回美国；全球征税体制转变为属地征税体制，对海外子公司股息所得税予以豁免。

41 贾晋京，《重绘全球工业图景：中国应从“世界工厂”升级为“世界实验室”》，《中国机电工业》2013（09）。

42 就工业体系的完整性而言，到2018年，中国拥有41个工业大类、207个中类、666个小类，成为全世界唯一拥有联合国产业分类中全部工业门类的国家。

43 2019年5月15日，特朗普签署名为“确保信息和通信技术及服务供应链安全”的行政命令，宣布进入“国家紧急状态”，禁止在信息和通信领域进行所谓“可能对（美国）国家安全构成风险的交易”。在此紧急状态下，美国企业不得使用对国家安全构成风险的企业所生产的电信设备，为禁止美企与华为的业务往来铺平道路。

44 感谢中国人民大学重阳金融研究院助理院长贾晋京研究员对这种走势关系的提示。特斯拉股价的强劲走势还反映了2019年在上海设厂后的超预期发展。

第四章
中国是后美国时代世界体系的领导者？

外部的忧虑与内部的质疑

对后美国时代世界体系的领导者之讨论，几乎无可避免地涉及中国。以往的霸权兴替史揭示出，新的霸权将体现出比旧的霸权**更高的组织能力、更大的体系容量和更高的体系活性**[1]。英国之于荷兰，美国之于英国，均体现了这一原则。这意味着，取代美国的新世界体系之领导者，经济体量与活性，对世界经济增长的贡献程度，以及领土面积、人口、资源等均不应明显低于美国。若上述指标中至少有某几项明显超越美国，在当今世界，符合要求的屈指可数。关于中国可能取代美国成为新的世界体系领导者的预判，在西方表现为强烈的忧虑，在中国则为强烈的质疑。

外部的忧虑：从亨廷顿、约瑟夫·奈到白邦瑞、班农

西方忧虑的核心，早在中国崛起的态势远未如今天这样清晰呈现的20世纪90年代，已通过美国国际政治理论家塞缪尔·亨廷顿（Samuel Huntington）在《文明的冲突?》一文中，对“走出西方时期”的后冷战国际政治格局的描绘得以表达——以中国为代表的东亚儒家文明联合伊斯兰文明**挑战西方**。与之呼应的是，此后不久美国政治学家约瑟夫·奈（Joseph Nye）在其指导下完成的美国国防部报告及附属文件中，直接将中国的经济增长界定为最堪忧的发展[2]（他强调的“金德尔伯格陷阱”也在国内引起诸多关注）。

亨廷顿那部由《文明的冲突?》一文扩展而成的名著《文明的冲突与世界秩序的重建》，混杂着真知灼见与谵妄偏见，半似挽歌半似预言，熔学术研究、先知书、启示录乃至亡灵书等文体于一炉，一扫福山式“历史终结论”的乐观基调，以冷峻的态度将后冷战时代世界格局描绘为各文明之间的永恒冲突。文明冲突论以西方中世纪以来经历的宗教战争为原型，以欧美基督教世界与伊斯兰世界的长期冲突为依凭，得出宗教信仰之间非此即彼、文明冲突不可避免的论断，以此为前提去解释和推演世界其他文明区的关系走向。

亨廷顿的理论一方面认为，基督教与伊斯兰教的冲突既源于其差异，也源于其相似性，二者所共有的一神论信仰、非我即彼的二元论思维、普世主义追求、暴力征服并将之神圣化的倾向，将此二

者与其他宗教区分开来[3]。另一方面却又认为，基于这二者关系的文明冲突模式，适用于其他一切文明，进而将中国所代表的东亚文明视作美国为代表的西方文明的主要对手[4]，并描绘了中国与伊斯兰世界出于反对西方的目的而结成联盟的前景[5]。

亨廷顿的文明冲突论的重要价值在于，坦白地承认西方文明及其所对应的价值观**并非真正的普世主义**，西方文明只是世界诸多文明中的一种，不可能依照自己的形象重塑其他文明，并始终面临着**文明的冲突与挑战**[6]，从而部分地预见了此后世界形势的演化。但其根本悖论在于，虽然反对将西方文明标识为普世主义，却试图将伊斯兰教的冲突当作世界文明关系的普遍规律，事实上又回到了他自己所反对的将西方经验当作普世价值的立场上。这导致亨廷顿在考察文明、国家、人群的关系时落入简化模式，既低估了文明之间的复杂张力关系，也忽略了在漫长历史过程中相伴而生的诸多特殊元素。例如，在解释中国时其分析框架的问题：中华文明根本不是一个仅用宗教范畴就能界定的文明，也从来不把文明冲突视为理想或常态。

尚处在冷战胜利后的巅峰时刻，美国富有远虑的思考者已在为中国的高速经济增长深感不安，他们因为深切知晓16世纪以来西方是如何崛起，又是如何对待包括中国在内的东方民族的，便深切忧虑**中国会如何以西方曾经的方式来对待西方**[7]。在21世纪走过20年后，当中国的强弱之势发生戏剧性的转变后，这种忧虑更是几乎深入骨髓。

曾担任美国国防部助理部长的米歇尔·白邦瑞（Michael Pillsbury），在20世纪70年代提议美国通过扶持中国对抗苏联，是卡特与里根主政时期对华政策的重要参与者。在白邦瑞于2015年出版的《2049百年马拉松：中国称霸全球的秘密战略》一书中，以一种夸诞的笔法，宣称中国从毛泽东时代就开始实施“战略欺骗”计划，针对美国历届政府进行欺骗，用中国主导的政治—经济系统替代美国主导的世界秩序，而他本人就是这种“战略欺骗”计划俘获的对象。为了论述中国人的“战略欺骗艺术”，白邦瑞展现其作为“中国通”的十八般手段，三十六计、孙子兵法、战国争霸乃至围棋及与之紧密相关的“势”的理解，都作为论据被加以引证，以支撑其结论：千百年来，中国人已经把欺骗发展成了炉火纯青的艺术，使之成为一种运用得淋漓尽致的战略手段，而自毛泽东时代以来针对美国的“战略欺骗”计划正是这种历史传统的结晶。

相较亨廷顿的严峻深邃，白邦瑞的著作与其说是学术作品，不如说是为了配合中国关系与美国内部心理的重大变化而推出的小说家之言。他言之凿凿的“战略欺骗”计划，事实上只是在重复中国网友间广为流传的“战略忽悠局”。白邦瑞把网友作为笑谈的“战略忽悠局”提高到中国长期战略的高度，并将这种“一本正经的胡说八道”（互联网用语）灌输给对中国不甚了解的大量美国读者，以至于传说中“战略忽悠局”的负责人张召忠（“局座”是网友对他的戏称也是昵称）不得不在此书出版后，正式辟谣“战略忽悠局”的存在。其戏剧化程度，堪比有人根据《哈利·波特》系列影片证明霍格沃兹魔法学校与伏地魔的真实存在，而饰演霍格沃兹魔法校长邓普里多的演员出面否认。如果说这样的“战略忽悠”确实发挥了作用，那么其主要的对象恰恰是《2049百年马拉松》一书的读者。

如果说白邦瑞所宣传的“战略欺骗”计划重点在于美国对华政策的回顾，那么曾经作为特朗普政府首席战略顾问又被扫地出门的史蒂夫·班农（Steve Bannon），则表现出对中国超乎寻常的敌意。当然，这种敌意同样针对他想象中的伊斯兰世界，乃至一切不符合盎格鲁–撒克逊白种男性传统价值观（犹太教—基督教信仰）的世界任何其他类型的人群。他所持的“另类右翼”（Alt-right）立场，是三K党（Ku Klux Klan）这种传统白人至上主义团体思想在新形势下的变体，代表着新保守主义与宗教民族主义中极具排他性与攻击性的倾向，是针对美国自20世纪60年代以来平权运动、民权运动、女权运动、政治正确等系列主张的全面反动。他把亨廷顿所提出的“保存、维护和复兴西方文明独一无二的特性”主张推向极端，却完全不顾亨廷顿有关西方文明只是世界文明之一、不可能去改造其他文明的见解。班农利用美国社会中下层民众对自我处境恶化的强烈不满，将全球化作为罪魁祸首加以批判，将矛头指向承接了世界工业体系中最多环节的中国和代表互联网—跨国资本的“达沃斯党”。在中美经贸摩擦爆发前夕，他大肆宣扬“中国威胁论”和“中国称霸论”（如2017年11月在日本参加世界白人保守主义大会时的讲话），将中国的发展道路描绘为掏空美国和西方国家的工业且向其输出通货膨胀，从而导致美国底层群众（劳工阶级）的困境与英国的“脱欧”，鼓吹美国对中国展开全面斗争。经贸摩擦爆发后，他更是不遗余力地宣扬中国已经成为美国最大的敌人，怂恿旧主不要在这场跟中国的“经济战争”中妥协。在反对中国的问题上，班农倒是和“金融天才”乔治·索罗斯，这个他所厌恶的“达沃斯党”代表达成了一致。前者在2019年5月22日接受《南华早报》电话采访时说，“把华为公司从西方市场‘赶出去’比中美之间达成协议‘重要十倍’”，后者在2019年9月9日《华尔街时报》上撰文称，“我对打败当下中国的兴趣，超过了对美国国家利益的关心”。如果说，班农反对的是中国的崛起威胁到了美国的利益与地位，索罗斯反对的则是中国的发展，以及中国所代表的全球化道路所包含的超越资本主宰的可能。

班农的极端反华立场的重要特色，在于他把“中国威胁论”与借此煽动起来的种种情绪，化为一种精心设计的牟利机制，“民粹主义”对于他不但是一种信念，更是一种生意。这种生意的对象，不但包括美国本土的中下层民众（“沉默的大多数”）与极右派，还有欧洲乃至世界范围的极右翼政党与团体。他以极富煽动性的语言对群众作出应许，而不必顾忌是否能兑现。

班农将反华与反全球化勾连在一起的宣传策略，一定程度上反映出美国的某些群体将中国树为敌人，是希望以此转嫁美国社会因长期利益分配高度不均所引发的重大矛盾。但由于美国经济事实上对全球化的高度依赖，妄想不改变美国内部的分配机制，而通过单方面的“美国优先”改善整体经济、缓和社会矛盾，只会适得其反。本来美国可以通过世界范围内汲取超额利润，平复内部的阶级矛盾和社会矛盾，维系相对稳定的国内环境，但伴随霸权的衰落，美国汲取超额利润的能力下降，造成各类矛盾不断地呈现出激化的态势。在美国，股市的十年大牛市与底层民众生活窘迫的并存已说明，跨国资本集团不想进行针对中下层民众的安抚收买与利益输送，不想为维持美国社会的稳定发展买单。这一格局既不是中国所导致的，也不会因对中国展开“经济战争”而得到解决。

内部的质疑：苦恼意识与崩溃论

中国对自身发展的质疑，源于改革开放以来将西方视作可不断追随、模仿却无法超越之理想型的精神依赖，自1848年以来同西方不断斗争又不断失败形成的心理创伤与暗示，在一种几乎不可战胜之庞然大物的高度敬畏下相伴而生的自我贬抑习惯。这种种心理陈习与既往中国发展路径中存在的各种问题交织在一起，陷入不断自我强化、循环往复的苦恼意识中。

这种苦恼意识，是黑格尔《精神现象学》中有关自我意识论述中提到的“苦恼意识”的某种流俗形态。在黑格尔的理论体系中，两个具有意识的个体在相遇后展开生死搏斗，胜利者成为主人，失败者沦为奴隶，二者通过对方而确认自我，构成**主奴辩证法**：一者成为独立的、自为存在的意识，另一者成为依赖的、为对方而存在的意识，前者是主人，后者是奴隶[8]。主人因胜利，将奴隶放在自己与物之间，将物的独立性一面留给自己，而将不独立的一面交予奴隶，从而失去与物的直接性联系而不得不依赖于另一独立存在即奴隶。奴隶因失败，被迫接受与物的直接联系，却在劳动改造与陶冶事物的过程中成为真正的物的主人，获得自己的自为存在，并最终通过劳动摆脱对另一存在即主人的依赖而获得自由。主奴关系的辩证否定过程，包含着生命/欲望的搏斗、相互承认的期待、死亡的恐惧、陶冶事物的劳动四个本质环节，象征着意识上升为自我意识的发展历程，进而向自我意识的自由状态演化。

自我意识的自由状态包含三个阶段：斯多亚主义，怀疑主义，苦恼意识。**斯多亚主义**超越了奴隶意识，认识到思维的自由品质，从而否定各种外在条件对意识自由的限制——“不论在宝座上或在枷锁中，在它的个体生活的一切交接往来的依赖关系之中，它都是自由的、超脱的”[9]。尚停留在自由的抽象阶段，而无法获得活生生的自由。**怀疑主义**则将斯多亚主义对外在存在的否定推向极致，以思维的无限性否定一切有限性事物的差别，在万物流变的经验中执着于意识自身的不变，满足于不确定的世界与确定的意识之间的矛盾状态——“它口头上宣称所看见、所听见的东西不存在，然而它自己本身却看见了、听见了”[10]。**苦恼意识**是“自我意识的自由”的最后阶段，是自我意识的分裂状态。它意识到自身所包含的诸多矛盾（主观与客观，不变与变化，普遍与特殊，本质与非本质），却在若干组矛盾的对立中无所适从。它将矛盾中单一的不变的一面认作本质，将复杂的变化的另一面认作非本质，由于意识到这种分裂状态而将自身归入变化的非本质的一面，将自己的对立面认作是本质的。[11]这种被它视作本质者却不是现实的，只是某种彼岸世界，由于意识把本质者定义为外在于自身、永远也无法达到的存在，自身永远只能保持非本质的状态，从而陷入巨大的无休止的苦恼之中。

在中国道路的苦恼意识中，被视作本质的，是外在于自身的、作为彼岸世界的西方，而中国则是变化的、非本质的。西方世界对于中国意味着不断可供借鉴的标准化对象，这一对象可以接近，但不可能真正达到，即西方发展路径无法超越也无须超越。一种吊诡的事实是，苦恼意识在过去数十年中不断循环的原因，不在于中国发展的虚弱无力，而恰恰在于发展过于强大有力：苦恼意识不断感知到有关本质与非本质、普遍与特殊的界定已无法继续适用于西方与中国的关系，却始终不愿意承认这一点。

对于持有此种苦恼意识者，中国持续三十余年的增长，因其无法用任何一种既有的西方理论范式加以解释，而变得危险，他们不断预言，这样一种令人无法理解的增长必然会在未来的某个时点大崩溃。尽管形形色色的崩溃论自30年前便不断涌现并不断被事实证伪，但当集体心理进入某种强烈的自我暗示与循环后，崩溃论反倒因一直没有到来而显得更加迫切了。中美经贸摩擦期间出现的种种肆无忌惮的言论、部分民众的悲观主义情绪，乃至将两国间的贸易冲突归于学者研究成果的极怪之说，正是这种崩溃论心理的集中释放。

如果说黑格尔意义上的苦恼意识本质上是某种宗教意识，并带有特定的宗教内涵[12]，那么这种中国式苦恼意识则是**迷信**。它尚未触到“自我意识的自由”，倒反映了主奴辩证法中自我意识发展的停滞状态。自居于奴隶一方，出于恐惧，执着于物和生命，从而导致自我意识的否定，也因为恐惧的无限放大，劳动对物的改造与陶冶无法让被否定的意识返回自身，以此获得独立的自为的存在。停留于恐惧的精神奴隶，拒绝**劳动辩证法**[13]对恐惧的扬弃，于是一直停留于依赖主人的状态。

如果说在外部的忧虑与内部的质疑之间有什么共同之处，便是它们都固执于主奴辩证法中作为一个环节存在并最终将被扬弃的“主奴关系”，认为这种关系是永恒的、不可逆转的。它们都不相信，中国能够开拓出一种不同于美国乃至西方既往经验、对其他国家及民族具有示范意义的新的发展道路。

这也正是中国道路的理论表述中重要的历史与现实使命。

这种理论应能有效解释中国自改革开放以来的持续增长，理清创造这一经济奇迹的当代中国与前改革开放时代 / 毛泽东时代的延续和内在联系，进而将完成现代转型的中国社会与前现代的传统中国作为一个整体加以考察与把握。更重要的是，要将中国及东亚体系放在自16世纪以来的世界历史视野中加以考察，从而探寻现代性从西方向东方的演进甚或回归的轨迹与规律。这样一个庞大的理论系统，我希望在未来以“现代性的两种路径：16世纪以来的中国与世界”为主题的专著中展开讨论，这里只能粗略地勾勒其轮廓。

中国道路的历史与现实

自1978年中国正式开启改革开放的路径并融入全球化的进程，中国经济取得了前所未有的增长。究其原因，就内在而言，形成了中国特色的“**三维市场体制**”。这一体制有别于常规市场经济中扮演监护者角色的政府与竞争性的企业之二维结构，由**战略性的中央政府**、**竞争性企业和竞争性地方政府**三大主体构成。地方政府不但承担着一般性的政府职能，更直接作为经济主体参与市场活动，在不同层级之地方政府通过横向竞争，促进本辖区内经济发展的实践中，产生了与其竞争性经济主体地位相应的超强投资力。[14]就外部而言，自20世纪70年代初美元与黄金脱钩后，金融虚拟化与经常性的货币超发取代实体产业的发展上升为美国的国家战略，金融市场的急剧膨胀。中国全面实施改革开放至2008年金融危机爆发之间的近30年时间中，中国的投资力与巨大产能恰好对应于美国的过度消费与货币长期超发形成的超强购买力。通过中国的产品出口、换回美元、以统一的外汇管理系统集中、由美国的金融市场返借回美国这一利益交换机制，两国经济构成了**互补性战略**[15]。

这一战略格局的形成，就中国而言，得益于两个基本条件：

（1）能吸收、容纳、消化超大体量的资本，并能提供较高资本回报率的生产力与劳动者；（2）融统一意志的中央领导与富有活力的地方于一体而各得其所的国家制度。而此二者，均与毛泽东时代的发展路径有着深刻的内在关联。

比较优势理论的否定之否定与毛泽东时代的自主赶超

改革开放后，比较优势理论几乎成为对中国经济发展最具影响力的理论资源。无论这一理论的外延如何变化，其核心观点是，对于任何一国和地区而言，与其他国家和地区依据各自的优势要素和资源禀赋进行**互补性交换**，是符合其最大利益的[16]。在20世纪80年代以来比较优势理论的传播过程中，很长一段时间都将中国定性为工业基础薄弱、生产力水平低下、只适合承接缺乏核心竞争力项目，并以此作为经济政策与产业布局的依据。这种比较优势战略对后发国家经济的推动作用，则主要被解释为后发国家的企业进入具有比较优势的产业，既能创造更多的价值剩余，也能低成本地从发达国家引进先进技术，从而使要素结构的提升速度高于发达国家，推动产业结构和技术结构的较快升级。换言之，有助于**后发国家向先进国家“收敛”**[17]。因此，大致可将这一时期发挥指导作用的比较优势理论描绘为，以中国融入世界市场前的落后地位为前提，以扩大经济发展、提升要素结构为路径，以缩小与先进国家的差距为理想。

然而，伴随着中国在世界经济体系中迅速成长为**“世界工厂”**[18]，富于现实精神者不得不重新审视上述比较优势理论的前提、路径、理想。若不带偏见地依照比较优势理论解释这一现象，在路径成立的条件下，原本设定的理想状态被打破，意味着必须对生产力水平落后等前提作出重大修正。中国在参与以市场为导向的国际分工与贸易过程中，所拥有的最大优势之一就是其现代生产力和具有高度竞争力的庞大劳动者群体，此二者建立在中国完整的产业体系、国民经济体系和教育—研发体系基础之上。这种核心的资源禀赋，依照比较优势理论，是不可能通过交换活动获得的（交换活动只能使原有优势进一步强化），恰恰相反，它是交换得以有意义进行的前提。

不同于改革时代以比较优势和融入全球化为主要特征的发展路径，在此之前的毛泽东时代之整体发展路径，可以被概括为**赶超式的自主发展**。主要表现为，最大限度地调动人民群众的主体能动性，克服物质及精神领域的不完备状态，依靠自己的力量在尽可能短的时间内实现工业化与产业升级，依靠产业升级所释放的巨大能量推进下一步的产业升级，从而赶上并超越先进国家的生产能力及研发能力，实现由落后的农业生产国向代表先进产业力之现代国家的转化。[19]这种以自主性及跨越式前进为主要特征的发展路径，用“毕其功于一役”的勇毅决绝，在最大限度地激发广大劳动者主体意识的基础上，使得中国用不到30年的时间，基本完成了西方花了近两百年、日本花了近百年时间建立**现代工业体系**的任务[20]。由于消费与积累之间对后者的极度强调，这一时期的社会财富增长主要体现在生产性领域而对个人生活的影响较小，客观上造成了生产水平和生活水平的大幅脱节。社会生产力的激烈提升很大程度上构成了后来者的财富积淀而较少地体现于当时，使得工业化的成就及生产力水平往往为人所忽略或严重低估。毛泽东时代的中国经济已拥有真正的巨人之骨（生产力），却尚未拥有与此巨人之骨相应的筋脉血肉（消费力）。

这种高度强调积累却缺乏消化、长期处于被压抑状态的巨大生产力，在中国向市场经济的全面转型过程中，通过“三维市场体制”被极富效率地集中释放出来，从而成功吸引了以美联储为代表的外部超常购买力在逐利动机下持续流入。这是建立在事实的错误表述一定性基础上的比较优势理论，却在中国改革时代的实践中大获成功的根本原因所在，是黑格尔意义上的“理性之诡计”（List der Vernunft）的自我实现。

新型中央—地方关系与“三维市场体制”

在第一个五年计划实施后不久，毛泽东就对以中央计划指令为核心的苏联式计划经济体制产生深刻质疑，并开启了一系列的突破这种模式的探索实践（大跃进与“文革”可视作是此类实践的极端化形式）。它以某种“**创造性破坏**”[21]的形式，导致中央计划经济体制被一种**高度地方分权**的情势所取代[22]，进而导致中国在改革开放以前的经济结构已经极大地区别于苏联—东欧式的典型计划经济结构。例如在所有制结构中，除全民所有制外一直保留了大量的地方集体所有制成分。依托以人民公社为核心的农村基层组织与以供销社为核心的商品流通渠道，在赶超式自主发展的背景下，从农村实际出发，发展扶持了一大批“社办企业”，这正是改革开放时代作为中国经济活跃增长极之乡镇企业的前身。不同于苏联—东欧式的、以职能的“条条”原则为基础的单一结构（U型经济结构），中国自1958年以来实行的层级制，是以区域的“块块”原则为基础的多层次、多地区的形式（**M型经济结构**[23]），进入改革开放时代后的“竞争性地方政府”正是在这种M型结构的基础上形成的。

这一切使得中国建立社会主义市场经济的改革实践，比之苏联及东欧国家所进行的同类尝试，具有了无可比拟的优势（而这恰恰被从自由主义经济学家到霍布斯鲍姆这样的左派历史学家同时忽略了）。此种建立在中央统一领导下的**地方分权化**（Decentralization）的实践与情势，构成了后来中国经济改革的“政治逻辑”[24]，在此基础上形成了对于中国经济快速增长具有核心贡献的“三维市场体制”。

需要指出的是，这种地方分权化是在有效贯彻中央路线、方针、政策的基础上得以存在与演进的，是中央对地方自主性之认同与地方对中央权威之认同、中央对地方之自觉权力让渡与地方对中央之自觉遵从拥护的有机统一。这种中央—地方关系，本质上有别于因利益分化进而形成不同利益集团的权力博弈模式，是基于高度政治共识的国家制度的自我协调。

三维市场体制的形成，是在毛泽东时代形成的新型中央—地方关系在市场经济条件下的自然延展。其中最具特色也令人困惑的“竞争型地方政府”这一维度，意味着政府在作为社会事务管理者与竞争性经济主体之间的动态均衡，其实质在于双重身份所依托的政治逻辑与资本逻辑的均衡。在中国已经深度融入资本逻辑主导的世界体系的背景下，这样一种均衡显得尤其难得。这意味着，在以无限增殖为目的资本于经济活动中不断壮大的同时，政治的力量也在相应增长，从而得以制约—利用资本而非全然为其所用。

这种可以不断壮大自身的政治力量，当然不可能源自高度科层化与职能细分的专业行政机构，而必须归于具有高度政治意识与政治主体性的中国共产党。

中国自1840年鸦片战争被裹挟着纳入西方资本主义列强主导的世界体系后，开始了极艰难的现代国家转型。由于缺乏现代国家所必需的组织生活传统，中国社会的组织化—现代化路径，是通过具有高度组织纪律性的列宁主义式政党推动国家组织化，进而推动社会组织化。这决定了**中国共产党**对于其缔造的中华人民共和国，不但对应于一般意义上的核心政党，更是这一政治共同体的政治品质与政治主体性之源泉。[25]同时也是开启市场化改革以来，虽有各种试图使国家政治“去政治化”的主张泛起，但共产党的政治主体性始终得以保持的根本原因。正因为中国的各级政府始终是在中国共产党的领导下，且其主要成员多为党员，因而其作为经济主体逐利的冲动，始终受到共产党的政治信念、组织纪律、路线方针政策之引导与限制。这种党的政治主体性对资本逻辑的控制，尽管因理论指导的不充分往往处于自在而非自为、生涩而欠圆熟、权宜而未究竟的状态，但保障了地方政府的竞争性经济主体地位，又不会在根本上有损其履行社会管理职能的正当性。

朝贡体系下的共同体

自公元前221年秦统一直至19世纪末，在东亚、东北亚、东南亚和中亚地区，存在着一种以中国为主要核心、以封贡关系为基础的国际关系体系——因封贡关系而被称作**朝贡体系**（**Tributary System**）[26]。

这一体系的起源可追溯到古代中国的**畿服制度**，即以中原王朝的君主为内服（中心地区）和外服（边缘地区）的共主（天子），内服处于天子的直接统治下，而在直属地区之外的外服，则由天子（或中原王朝的实际统治者）册封的地方统治者进行治理。“普天之下，莫非王土”的“**天下**”概念，即就“内服”与“外服”所组成的共同体而言。[27]周朝初年“封建亲戚，以藩屏周”的政策，正是畿服制度的典型体现。

自秦汉以降，中原王朝开始将这种畿服制度向国际推广，形成了周边国家主动承认中原王朝的共主地位、通过获得中原王朝册封确立其统治合法性的局面，并构成了一种以封贡关系连接起来的国际秩序，朝贡体系得以确立。在公元前2世纪至2世纪的数百年间，汉帝国与罗马帝国作为亚欧大陆东西两端的核心，支撑起那一时期世界体系意义上的跨区域广泛互动，朝贡体系也成为该时期世界体系的重要组成部分。此后千余年间，即使经历中国内部的多次政权更替，朝贡体系也始终存续。以正统自居的重要地方政权往往会要求周边国家朝贡，而朝贡体系内某些较强大的区域性力量（如日本）也会努力成为中国之外的次级中心，这使得朝贡体系在东北亚与东南亚地区，呈现出一种不断扩展的多层次的网状结构。在这一结构中，朝鲜、安南、琉球以及隋唐时代的日本，作为接受中国册封、定期朝贡并遣使、采用中国纪年与年号（奉正朔）的**典型性朝贡国家**，既发挥着比外围的准朝贡国家更显著的作用，也更全面地融入（受益于也受限于）这一体系。[28]

作为13世纪世界体系的重要枢纽，蒙古帝国对世界体系的影响力主要通过直接掌控的广阔疆域为东西方交流提供方便，朝贡体系在这一时期处于**边缘地位**[29]。13世纪世界体系的解体与14世纪明王朝的建立，大大激发了朝贡体系的活力。明太祖在《皇明祖训》中将朝鲜、日本、大小琉球、安南等十五国列为“**不征诸夷**”[30]，于在位期间确立中国与朝贡国之间“**厚往薄来**”的原则[31]。明成祖朱棣在位时，伴随郑和下西洋对所到诸国产生的重大影响，朝贡国达到65个之多，标志着朝贡体系重新上升为勾连中国与外部世界的重要国际机制。朝贡体系在元明两朝间地位的巨大差异说明，朝贡体系带有强烈的内在价值导向（“华夷秩序”），中国作为这一体系的中心，更多的不是凭借绝对力量，而是通过道义、价值、意识形态的**正当性**以及周边诸国对这种正当性的认同所决定的[32]。正是朝贡体系内因诸国的认同而产生的额外权力，使得中国在这一体系中长期居于中心地位。较之16世纪以来世界体系中的霸权，这是一种更为典型的“**权力膨胀**”。

尽管明朝政府多次强调，应限制朝贡次数（不超过一年一贡）与贡使人数（“来朝使臣，亦惟三五人而已”）[33]，但这一系列规定几乎从未被主要朝贡国（“藩国”）严格遵守，高丽与琉球更是保持经常性的一年多贡[34]。与之相应的是，虽然强调贡品勿多勿奢，各国贡物却越来越多。这均反映出朝贡关系是这一区域内重要国际贸易形式的内核：入贡伴随着互市交易，并可以享受明王朝对这种互市免于征税和以商价收买的政策优惠[35]。这种朝贡互市的机制，可视作是临时性的国际自由贸易区，它为各方提供了自由交易的方便，并通过其内在价值取向构成各方的互信基础，与明王朝的政策优惠一起降低了交易成本。依托于朝贡贸易，形成了一种由各国官方与民间的利益共同编织而成的国际贸易网络。

这种复杂的朝贡—贸易组织的基础由中国的价格结构所决定，以白银为贸易结算中介，构成了一体化的“**白银地区**”[36]，从而实现以宋代铜钱为贸易结算中介的“铜钱经济区”的升级。在朝贡—贸易体系中，朝贡的政治行为、遣使的人员交流、扩展的贸易网络纠缠在一起，共同为体系内的区域（东亚与东南亚）提供了一种在保持自我独立性基础上互相融合的政治—经济框架。另外，朝贡体系展现了中国与外部世界交流中的海洋维度，是大陆逻辑与海洋逻辑富有张力的结合。这种东亚与东南亚间的贸易网络，也与印度贸易圈和伊斯兰贸易圈连接在一起，成功地填补了13世纪世界体系瓦解所带来的失序。通过朝贡体系，不但形成了日本历史学家滨下武志（Takeshi Hamashita）意义上的亚洲交易圈—亚洲经济体，更因朝贡体系所具有的内在价值导向，指向一种融经济利益、政治秩序与文明认同于一体的**亚洲共同体**。

这种共同体不但存在于14—18世纪，更顽强地延续到19世纪后。即便在整个亚洲都被迫嵌入西方主导的世界体系的情况下，这种亚洲共同体依然在茶叶出口市场的重组、白银货币圈的延续、契约劳动贸易和亚洲区域内汇款网络的形成等方面顽强地存续，朝贡体系所体现的结构与规范依然以自己的方式塑造着东亚内部的国家关系和民族认同[37]。正是基于此，滨下武志提出：“亚洲的近代化并非通过验证各国国民经济的形成和发展阶段而得以展示，而必须根据亚洲各国、各地区与亚洲朝贡贸易体制紧密联系的内容的变化来确定其所处的位置。也就是说，**亚洲的近代化是以其对朝贡关系如何处理的内容来决定**，而不是西洋化取代的程度来决定。”[38]而亚洲的现代化，并非如同美国汉学家费正清的“冲击—反应”模式所描绘的那样，是一个停滞、封闭、缺乏活力的时代落伍者对来自西方的冲击进行的被动反应，而是具有内生性的。朝贡体系正是这种东亚近代性与现代性的内生机制。

日本作为亚洲现代化的成功代表，不但受益于明治维新以来

“脱亚入欧”的战略，也是几个世纪以来亚洲内部竞争的结果[39]，甚至可以上溯到它从隋唐以来便不断争取朝贡体系内**次级中心地位**的历史。日本从来不满足于只是作为朝贡体系的普通参与者，其自我期待甚至超越了体系内次级中心的定位[40]：一方面抗拒朝贡体系的“华夷秩序”对其地位的贬抑，另一方面试图在影响范围内构建以其为“华”而以周边小国为“夷”的新“华夷秩序”（如称朝鲜半岛诸国为“藩”“藩国”“诸藩”“西藩”[41]）。在南宋覆灭后，日本更是以中华传统乃至道统之所在而自居。[42]这种内在的精神追求，即便在室町幕府将军足利义满接受明朝皇帝册封、领取冠服、日本重返“中华文明圈”后，依然保留着。

16世纪末，丰臣秀吉对朝鲜发动大规模入侵，虽最终被明朝与朝鲜联军所挫败，却标志着日本已正式成为朝贡体系核心领导权的竞争者。日本于江户时期（1603—1867年）的“锁国”政策，既是对西方文化冲击（特别是基督教传播）的反应，也是因应东亚国际秩序变动所采取的对策：清朝取代明朝统治中国的格局类似于蒙元取代南宋，又一次激发并强化了日本作为“中华”的自我意识[43]。

明治时代（1868—1912年）日本的迅速工业化与帝国主义化，都与这种长期以来的精神积淀与物质积累相关。原有的“华夷秩序”被嵌入以西方为文明与现代、以东方为野蛮与落后的西方中心论框架中，变形为以日本为西洋、以中国（及亚洲其他国家）为东洋的二元对立，传统的“汉学”被置换为“东洋史学”。[44]依据这种认知与想象，日本作为亚洲的文明代表理应取代中国在朝贡体系中的天下共主地位，进而以王者的身份领导亚洲去抵御西方列强的侵凌。对朝鲜的入侵与吞并、对中国的战争，都通过这种“日本中心主义+西方中心主义”的“文明论”加以正当化。甲午战争与日俄战争的胜利，使其成为亚洲霸主，也进一步刺激了日本作为整体东方世界的领导者与西方进行世界霸权争夺的欲望。作为这种欲望与想象的巅峰，日本于二战期间提出“大东亚共荣圈”的构想，发展出一种融合了朝贡体系传统元素与反帝—反殖民现代诉求的话语体系，希望以此赋予其统治亚洲其他国家的道义优势。但在东南亚的西方殖民势力被驱逐后，日本建立的却是与其本质无别而手段更为凶残的殖民体系。日本在侵略战争与殖民统治中的种种暴行与罪恶、不智与不义，既导致了最终失败，也瓦解了这套话语本身的伪正当性。

以1840—1842年第一次鸦片战争为标志，中国外在于16世纪以来世界体系的独立地位，被拥有更强大武装力量与更高级组织形态的西方列强所打破，朝贡体系也越来越难以为继。1894—1895年中日甲午战争的失败，标志以中国为中心的朝贡体系正式瓦解。然而在这一背景下，中国在海外的华人商业团体与商业网络却出现了前所未有的扩张。朝贡—贸易体系本身便包含着官方与民间的复杂博弈与利益纠缠，明代中后期，由于国家能力的下降与海商团体的斗争，海禁政策趋于废弛，私人海外贸易蓬勃发展，出现了华侨出国的高潮，到明末海禁更是名存实亡，甚至产生了郑芝龙集团这样富可敌国的海上霸主。[45]有清一代虽然整体上海禁较之明代中后期更为严格，但其对外贸易政策并非严格的“闭关锁国”而更近于严格管理、官商垄断的“开海贸易”[46]，福建、广东一带的私人海外贸易依然具有相当的活性。鸦片战争后，清政府对内部经济活动和外部世界联系渠道的控制力明显下降，一直在空隙间生长的华人商业团体得以在对外贸易中发挥越来越重要的作用。

19世纪中叶至20世纪初的“苦力贸易”，成为此类华人商业集团发展壮大的重要契机，两百余万“契约劳工”被送出中国，三分之二前往东南亚国家。这为相关的商业团体带来了巨大的利润，中国香港、澳门以及新加坡、马来西亚槟榔屿这些重要的港口城市，也乘势成为海外华人商业团体财富与权力的主要聚集地。**华人商业团体**继承并拓展了原本依托于朝贡—贸易体系的国际贸易网络，对东南亚国家之金融领域的重大影响力自那时起绵延至今。[47]某种程度上，这一时期海外华人商业团体的崛起，是朝贡—贸易体系在原有的政治维度与官方主导的经济维度，被西方主导的世界体系所空前削弱情势下的偏师自救，并取得了重大成功。其影响力不仅限于经济领域，也体现于以1911年辛亥革命为代表的象征着“亚洲的觉醒”的政治—社会运动中。[48]

在中华人民共和国成立后，海外华人商业团体在缓解西方世界对中国全面封锁的过程中发挥了重要的作用，香港在1949年后扮演的中国对外窗口角色及其在70年代的经济起飞，都与这一团体有密切的关联。中国进入改革开放时代后，港澳台资本与海外华人资本在很长时间内都是外资的主要来源。[49]正是此类广义华人资本的大规模涌入，为加入WTO之前的中国经济提供了重要的外部资金支持和融入国际贸易网络的巨大方便。**这是中国在1979年之后经济增长的重要助力**[50]，也是其他国家几乎无法模仿的外部条件。如果说，19世纪中期以来海外华人商业团体的崛起是朝贡体系瓦解过程中的自救，那么20世纪70年代末以来大量华人资本向中国大陆的回流，则反映出朝贡体系崩溃后仍延续的、经济利益与内在价值导向相统一的特征。

冷战时期，在后朝贡体系的东亚，美国构造了一个将中国排除在外的以美国为中心的地区秩序，并赋予其特定的功能划分：美国专门提供防务，谋求全球权力；以日本为代表的盟国则专门进行贸易，谋求商业利润[51]。在这种格局下，出现了日本经济奇迹与“东亚四小龙”的崛起，东亚成为世界的经济中最富活力的地区之一。美国通过第二岛链对中国的封锁围堵，坚定了中国走自主发展道路、建立独立自主的工业体系与研发体系的信念。中国自20世纪70年代末融入地区与世界的经济体系后，东亚地区不但是世界制造业中心和世界资本聚集地，更成为世界经济的主要动力源。

西方的侵略与压迫，最终走向其反面，转化为帮助中国与东亚摆脱西方主宰的力量。这就是历史的辩证法。

如果说朝贡体系是特定封建等级制的产物，作为这一体系的扬弃—超越，一种新型的国际秩序应更加突出各成员国的平等地位，体现互惠的经贸关系与特定道义价值之认同的有机结合，进而实现政治、经济、文明三个维度的相互融通与相互支撑——在一种理想的意义上可被称作**人类命运共同体**。

延续霸权或超越霸权？

自16世纪以来的资本主义世界体系，始终以霸权的兴起、扩展、竞争、交替为主线。当这一世界体系的雏形在西欧生成时，中国及以其为代表的东亚文明，处于某种依自身逻辑充分发展且**成熟而趋于停滞**的状态。[52]进入19世纪，这一新兴的世界体系依托科技进步（特别是军工产业的发展）与强大的国家组织能力，使得经济总量上不处于劣势的中国与东亚被迫中断自我逻辑的延续，作为落后的一极嵌入世界体系中受其支配。

在中国艰巨痛苦的从传统国家向现代国家的转型过程中，产生了中国共产党领导的革命建国之伟大实践。这一实践所缔造的中华人民共和国，极大地突破了原有世界体系的格局规制，从而获得了在当时世界体系中相对独立于霸权支配的生存—发展可能。这是中国被纳入世界体系后第一次能量跃迁。通过改革开放的实践，在深度融入世界市场的过程中，经过长达三十余年的增长，中国在经济总量特别是在制造业领域成为龙头。这是中国的第二次能量跃迁。当下的中国，处在某种特殊的历史关口。在美国霸权将会终结的境遇下，一种新的世界体系的构成及其走向尚未确定。同样未定的是，中国在其中如何定位、如何自处、如何作用。经历自鸦片战争以来“千年未有之大变局”，于反复求索之大难与大幸中实现两次能量跃迁，面对重返世界历史中心地位的前景，如果满足于在新的世界体系中做一个简单的追随者或参与者，不智亦不义：不知己所应行是为不智，有负天下期许是为不义。

无论是谁，如果要担当新的世界体系领导者的角色，则将选择成为既有世界体系中以霸权迭代产生的霸权继承者，或者超越此种霸权结构，寻求一种人类共同生活的新的可能性，并将此可能性在新的世界体系中实现。

对于当下中国而言，在二者间如何抉择，取决于将西方式的霸权兴替路径视作人类必由之路——唯一的现实方式，还是一种世界精神——在发展过程中因特殊的历史境遇而生成，也将伴随历史发展而被扬弃—超越。

16世纪以来的世界体系，是在资本逻辑主导下通过强势的民族国家—帝国的势力扩张建立起来的，包含高—低、上—下、中心—边缘、支配—受制关系的普遍秩序。它第一次将人类与自然共同纳入完整的世界系统，将二者共同视作实现资本无限增殖且可进行征服、剥夺、索取的工具，依照资本的逻辑对其进行改造。这一世界体系与霸权体系是同构而混一的。尽管霸权在具有较强生命力的阶段，会因其将自身利益与从属集团利益高度勾连而获得后者认同，但其核心必然是带有压迫—支配性质的等级格局。霸权统治境界之高低差别，很大程度上取决于是否能为这种压迫—支配关系编造复杂精致而富有诱惑性的意识形态，并在尽可能长的时间里维持这种外观。在此体系内做霸权的继承者，意味着可以不必改变体系的基本结构与核心价值，而只需做与具体历史境遇相应的内部调整（如英国的工商业并重之于荷兰的商业立国，美国的垂直一体化法人型企业之于英国的传统私人企业）。而要做霸权的超越者，则必须根本上超越与之同构的既有世界体系，彻底摆脱既有世界体系对自身行进轨道的限制，并将这条新的轨道拓展为一个可与其他国家共进而各得其所的多维空间。这无疑是真正的挑战。

这个新的空间必须能够容纳旧的世界体系之一切成员，并提供更为丰富广阔而公正平等的发展可能。

其一，在政治上，原本依托于有形之国家疆域、依照资本—暴力的原则确立特定利益范围、以征服—压迫为核心诉求的“帝国”，将被建立在文明认同基础上、以推己及人与和而不同为原则、以远近大小若一与共进于太平为旨归的“天下”所取代。

其二，在经济上，确立政治原则相对经济原则的优先地位与主导作用，将资本逻辑纳入政治逻辑的统摄之下，在承认利益对人类社会的驱动作用的同时，高扬超越私利的道义和理想。以具有丰富内涵的社会实践主体的“人民”，超越仅依据自然本能生存的动物或单纯追求自利的所谓“理性人”或“经济人”，确立以义制利而致民大利的义利统一关系。

其三，在思想意识上，以在生产—生活的实践，彼此关联、构成共同体的活生生的人民，取代孤立的、被赋予恒常不变属性的抽象人。以超越个人的共同体为社会的基本单位，以共同体的归属、认同和奉献为核心价值的集体主义，扬弃将人等同于自利的动物，将人的本质理解为原子式个体的个人主义倾向。通过建立在集体认同与共同实践基础上的人的全面发展，实现人与人、人与自然之和谐共生，从而构建一种人民为本、以义制利、集体主义、平等和谐、天下关怀为核心特征的**新型人类文明**[53]。

这是比霸权迭代意义上的世界体系重建与大国崛起要艰巨、复杂、久远得多的历史性任务。

2020年伊始，新型冠状病毒疫情的爆发，以及全国各地为防范疫情扩散而采取的严格隔离措施，对作为世界供应链中心的中国和世界供应链体系都构成前所未有的严峻考验。面对新冠疫情这一重大突发公共安全事件，中国的治理体系与治理能力之优势与短板都空前清晰地凸显出来。它既让某些乐观者更坚定了对中国之国家能力的信心，也让某些悲观者更深地陷入崩溃论的苦恼意识中。

为防控疫情，中国启动了武汉市、除武汉之外的湖北全境、湖北之外的各省级区域的不同级别的封闭式管理。特别是对武汉进行了极为严格的管制（如“封城”），湖北省与外地的人员物资交流也变成较为明确的单向流动（外地向湖北提供支援），在湖北之外的各省级区域除西藏外也启动了重大突发公共卫生事件一级响应，全国范围内出现了前所未有的大规模停工、停学、中止各类大型集会与社交活动的景象。在大部分居民处于居家隔离状态的同时，信息流与物流保持畅通，居民的基本生活需求特别是与互联网相关的活动得到满足。全国各地的医疗团队、医用物资和其他资助源源不断地供向武汉和湖北其他地区。为了缓解疫情对中国经济造成的冲击，中央政府与各级地方政府启动了各种形式的减税降费与经济刺激计划。进入3月后，当疫情在世界各地大爆发时，最早遭受疫情突袭的中国，已取得了防控疫情的阶段性胜利。而且在超级疫情的冲击下，中国在世界供应链体系的地位得到了考验。

中国能实现疫情的有效控制，建立在国家—政党的同构体制、完备的工业体系、强大的国家能力和社会主义传统的共同基础之上。中国所采用的以某些地区“停摆”的方式控制疫情蔓延，保证包括疫情最严重地区的各种人员与物资配备，让超过十亿的人口改变惯常的生活方式与行动模式，是经济成本最大、在疫情的严重性与复杂性尚缺乏全面认知的情况下，会持续消耗政府信用的疫情应对策略（网络上的舆情和各种质疑正是这一策略不可避免要承担的代价）。但面对这种极具传染性又有较长潜伏期、甚至可以通过无症状患者传播的“狡猾”病毒，中国为世界各国提供了一种应对超级疫情考验的“中国方案”。

然而，现代社会的复杂性特征决定了这种应对策略很大程度上具有不可模仿性。尽管中国在抗击新冠疫情的斗争中积累了丰富的经验，形成了一系列相应的制度安排，可以为各国提供解决具体问题的线索，但这一模式在整体上很难被其他国家所采用（借用网友的话，中国的这份答卷，其他国家很难抄）。某种程度上，这正是中国道路的独特魅力与复杂张力（以致难以用任何简约化理论范式加以解释）的典型写照。

2020年的这场超级疫情，使得中国道路不仅与人类命运共同体紧密结合在一起，也又一次获得了世界范围的认同。中国道路，依然将在几乎截然对立的有关历史、现实、未来的认知与想象中延续。

【注释】

1 尽管基本沿用阿瑞吉有关霸权更替的理论，但相对于阿瑞吉提出的体系“动态密度”的概念，“体系活性”或许更能反映出，我理解的世界体系不再只是一个物理意义上的系统，也是/更是一个由各种生物体活动构成的生态系统。参阅阿瑞吉、西尔弗，《现代世界体系的混沌与治理》，2006，36—40页。

2 Huntington（1993）“Clash of Civilizations?”; Nye（1995）“The Case for Deep Engagement”.

3 “这两种宗教都是一神教，与多神教不同，它们不容易接受其他的神；它们都用二元的、非我即彼的眼光看待世界；它们又都是普世主义的，声称自己是全人类都应追随的唯一真正信仰……自创始起，伊斯兰教就依靠征服进行扩张，只要有机会，基督教也是如此行事。‘圣战’和‘十字军东征’这两个类似的概念不仅令它们彼此相像，而且将这两种信仰与世界其他的主要宗教区别开来。”亨廷顿，《文明的冲突与世界秩序的重建》，新华出版社，2010，187页。

4 “中国的崛起对美国形成了更根本的挑战。美国和中国之间的冲突较之美日冲突范围更广泛，包括经济、人权、西藏、台湾、南中国海和武器扩散问题。美国和中国几乎在所有重大政策问题上都没有共同的目标，两国的分歧是全面的。同美日冲突一样，美中冲突在很大程度上是基于两个社会的文化差异，但也涉及权力的根本问题。中国不愿接受美国在世界上的领导地位或霸权；美国也不愿接受中国在亚洲的领导地位或霸权。……中国作为东亚占主导地位的地区大国的状况如果继续下去，将对美国的核心利益构成威胁。美国与中国冲突的潜在原因，是两国在东亚未来均势问题上的根本分歧。”“不论亚洲和美国社会之间存在怎样的经济联系，根本的文化差异将使二者无法同居一室。”亨廷顿，《文明的冲突与世界秩序的重建》，2010，204—205页、282—283页。

5 “伊斯兰文明和中华文明在宗教、文化、社会结构、传统、政治和植根于其生活方式的基本观念上，存在着根本的不同。从根本上来说，这两者之间具有的共性可能还不及它们各自与西方文明的共性。但是在政治上，共同的敌人将产生共同的利益。伊斯兰社会和华人社会都视西方为对手，因此它们有理由彼此合作来反对西方，甚至会像同盟国和斯大林联手对付希特勒一样行事。它们可能在一些不同的问题上进行合作，包括人权和经济问题，但最值得注意的还是从属于这两个文明的国家携手发展其军事能力，特别是大规模杀伤性武器及其运载火箭，以此来抗衡西方在常规武器方面的优势。”“只要穆斯林人口增长和亚洲经济增长的浪潮继续下去，西方与挑战者文明之间的冲突就将超过其他任何分界线而成为全球政治的中心。”“在这样的形势下，儒教—伊斯兰国家之间的联系会继续，或许还会扩大和加深。”亨廷顿，《文明的冲突与世界秩序的重建》，2010，163页、214页。

6 “西方赢得世界不是通过其思想、价值观或宗教的优越（其他文明中几乎没有多少人皈依它们），而是通过它运用有组织的暴力方面的优势。西方人常常忘记这一事实；非西方人却从未忘记。”“西方人眼中的普世主义，对非西方来说就是帝国主义。”“西方文明的价值不在于它是普遍的，而在于它是独特的。因此，西方领导人的主要责任，不是试图按照西方的形象重塑其他文明，这是西方正在衰弱的力量所不能及的，而是保存、维护和复兴西方文明独一无二的特性。”亨廷顿，《文明的冲突与世界秩序的重建》，2010，30页、161—162页、287页。

7 “中国的历史、文化、传统、规模、经济活力和自我形象，都驱使它在东亚寻求一种霸权地位。这个目标是中国经济迅速发展的自然结果。所有其他大国英国、法国、德国、日本、美国和苏联，在经历高速工业化和经济增长的同时或在紧随其后的年代里，都进行了对外扩张、自我伸张和实行帝国主义。没有理由认为中国的经济和军事实力增强后不会采取同样的做法。两千年来，中国曾一直是东亚的杰出大国。现在，中国人越来越明确地表示他们想恢复这个历史地位，结束屈辱与屈从于西方和日本的漫长世纪，这个世纪是以1842年英国强加给中国的南京条约为开端的。”亨廷顿，《文明的冲突与世界秩序的重建》，2010，205页。

8 黑格尔，《精神现象学》（上卷），商务印书馆，1996，122—131页。

9 同上，134页。

10 同上，139页。

11 同上，145页。

12 黑格尔，《精神现象学》（下卷），商务印书馆，1996，231页；泰勒，《黑格尔》，译林出版社，2002，246页；科耶夫，《黑格尔导读》，译林出版社，2005，76—79页。

13 “正是在劳动里（虽说在劳动里似乎仅仅体现异己者的意向），奴隶通过自己再重新发现自己的过程，才意识到他自己固有的意向。”黑格尔，《精神现象学》（上卷），1996，131页。

14 史正富，《超常增长：1979—2049年的中国经济》，上海人民出版社，2013，35—56页。关于“三维市场体制”与“竞争性地方政府”的论述，另可参阅史正富，《史无前例的30年：中国发展道路的政治经济学》，《30年与60年：中国的改革与发展》，格致出版社，2009；张五常，《中国的经济制度》，中信出版社，2009。由钱颖一、Weingast等学者提出的“中国特色联邦主义”（Federalism, Chinese Style）假说，将中国地方政府对经济的强激励作用，归于始于20世纪80年代的行政分权和以财政包干为内容的财政分权改革，就其将地方政府的能动性视作中国经济发展的重要动力而言，也具有一定的解释力。参阅Montinola/Qian/Weingast（1995）“Federalism,

Chinese Style: the Political Basis for Economic Success in China"；Jin/Qian/Weingast（2005）"Regional Decentralizationand Fiscal Incentives: Federalism, Chinese Style"。关于地方官员晋升的锦标赛激励与中国经济的高速增长间的关系，参阅周黎安，《中国地方官员的晋升锦标赛模式研究》，《经济研究》2007（07）。

15 史正富，《超常增长：1979—2049年的中国经济》，2013，57—72页。

16 亚当·斯密认为，各国间生产技术上的差异会造成劳动生产率和生产成本的绝对差别（绝对优势），大卫·李嘉图则将国家贸易的基础归于劳动技术的相对差别以及生产成本和产品价格的相对差别（比较优势）。进入20世纪后，瑞典经济学家伊·菲·赫克歇尔（Eli F Heckscher）和他的学生贝蒂·俄林（Bertil G. Ohlin）从生产要素比例的差别出发，解释了生产成本和商品价格的不同，以此说明比较优势的产生。20世纪80年代，以色列经济学家埃尔赫南·赫尔普曼（Elhanan Helpman）和美国经济学家保罗·克鲁格曼（Paul R. Krugman）引入规模经济来分析比较优势，认为传统理论只适用于完全竞争和规模报酬不变的情况，而当市场结构演化为非完全竞争与规模报酬递增时，规模经济便取代要素禀赋成为推动国际贸易的原因，从而发展了垄断竞争模型。该模型基于自由进入和平均成本定价，将产品多样性的数目视为由规模报酬和市场规模之间的相互作用决定。梯伯特进一步总结并集中论述了递增性内部规模收益作为比较优势的源泉。还有不少学者从产品差异、专业化、技术差异、制度、博弈以及演化等不同角度对比较优势理论加以论述。相关理论，参阅克鲁格曼、奥伯斯法尔德，《国际经济学》，中国人民大学出版社，2002。

17 林毅夫、孙希芳，《经济发展的比较优势战略理论——兼评〈对中国外贸战略与贸易政策的评论〉》，《国际经济评论》2003（11—12）；更完整的论述可参阅林毅夫、蔡昉、李周，《中国的奇迹：发展战略与经济改革（增订版）》，格致出版社、上海三联书店、上海人民出版社，1999。

18 2018年，中国第二产业（工业制造业）生产总值达36.6万亿人民币，约合

5.53万亿美元，连续八年位居世界第一，其体量超过排名第二的美国（3.5万亿美元）和第三的日本（1.4万亿美元）之总和。中国制造业增加值占全世界的份额达到了28%以上，是当之无愧的全球工业增长引擎。在世界500多种主要工业产品中，中国有220多种工业产品的产量居全球第一。

19 白钢，《毛泽东时代发展路径初探》，《经略》网刊2013（12）。

20 1949—1976年的经济数据以社会总产值为准。按照刘日新《新中国经济建设简史》的数据，以人民币（元）计价，1949年中国社会总产值为557亿元，农业产值326亿元，工业产值140亿元；1976年社会总产值为5433亿元，农业产值1378亿元，工业产值3158亿元。1976年的社会生产总值较之1949年，增长875.4%，社会总产值是1949年的9.75倍。关于1976年工农业在社会总产值中的占比，农业由1949年的58.5%下降到25.3%，工业则从1949年的25.1%上升到58.1%。这意味着毛泽东时代结束时，中国的农业与工业比例相较1949年发生了结构性的地位互换，中国由农业国发展为工业国。如果参照国民经济中具有明显指示效应的发电量指标，1949年中国发电量为43亿千瓦小时，世界排名为26—28位，1976年发电量为2031亿千瓦小时，增长46倍以上，世界排名第七，排在中国之前的六个国家分别为美国、苏联、日本、德国（两德总计）、加拿大、英国，均为发达工业国家，这是中国当时已经成为重要工业国的佐证。

21 约瑟夫·熊彼特（Joseph Schumpeter）在《经济发展理论》一书中，将“创造性破坏”归于具有冒险精神的企业家，认为他们创造性地破坏市场的均衡以获取超额利润的过程，使经济活力得以激发，这种动态失衡是健康经济的“常态”。企业家的最重要特质之一，便是拥有创新的意愿与能力，而创新意味着不断破坏旧的经济结构，创造新的结构。官僚体制与官僚化管理者则是对企业创新的惯性阻碍，并最终导致创新枯竭。熊彼特在企业与经济结构的层面上描绘了创造性破坏的意义与呈现，而未将这一概念扩展到政治、社会等领域。如果说创造性破坏是企业家有别于商人或官僚化管理者的标志，那么这也适用于政治家与政客或技术官僚的差别。

22 “从1955年至1978年，虽然中央和地方的权力关系几经‘放权—收权’循环，自20世纪60年代中期开始经济分权以不可逆的方式朝着有利于地方的方向倾斜，这个趋势在地—县分权关系中表现尤为明显。……中国的地方工业在30年前若干次分权浪潮之下经历了一个地理上和产业上不断分散的过程。”白惠天、周黎安，《M型结构的形成：1955—1978年地方分权与地方工业的兴起》，《经济学报》2018（02）。

23 毛泽东时代至改革开放初期的中国经济的M型结构，由钱颖一与许成钢首先提出，渐成为学界共识。参阅Qian / Xu(1993)“Why China's Economic Reforms Differ: The M-form Hierarchy and Entry/Expansion of the Non-State Sector”; Maskin/Qian/Xu(2000)“Incentives, Scale Economies, and Organization Forms”.

24 Shark(1993) *The Political Logic of Economic Reform in China*, pp. 3-52；白钢，《以中国道路扬弃‘苦恼意识’：评〈超常增长：1979—2049年的中国经济〉》，《观察与交流》2014。

25 白钢，《中国革命与中国现代文明建立答客问》，《观察与交流》2011；鄢一龙、白钢、章永乐、欧树军、何建宇，《大道之行：中国共产党与中国社会主义》，中国人民大学出版社，2015，第一章。

26 关于这种现象，也有将之命名为宗藩体系、藩属体系或册封—朝贡体系。虽然各有渊源的侧重，但皆有相通之意。参阅李元晖、李大龙，《是“藩属体系”还是“朝贡体系”?——以唐王朝为例》，《中国边疆史地研究》2014。

27 商代已建立了“越在外服，侯甸男卫邦伯”的内外服制度，明确外服的进贡之责。周朝在此基础上进一步发展出五服、六服和九服的概念，在《周礼·秋官·大行人》中，更是详细规定了各服的贡期和贡品的种类，并提出“九州之外，谓之番国”的概念，将中原王朝尚未实际掌控的广大地区亦纳入这种制度。

28 刘信君，《中朝与中国和东南亚藩属国朝贡制度之比较》，《广东社会科学》

2011（01）。

29 元朝只有高丽、缅甸、安南、占城四个藩属国，对日本、缅甸、安南、爪哇的征伐均未获得成功。

30 “四方诸夷，皆限山隔海，僻在一隅，得其地不足以供给，得其民不足以使令。若其自不揣量，来扰我边，则彼为不祥。彼既不为中国患，而我兴兵轻伐，亦不祥也。吾恐后世子孙，倚中国富强，贪一时战功，无故兴兵，致伤人命，切记不可。但胡戎与西北边境，互相密迩，累世战争，必选将练兵，时谨备之。”

31《明太祖实录》于此论涉及颇多，“古者诸侯之于天子比年一小贡，三年一大贡，九州之外，番邦远国则每世一朝，其所贡方物不过表诚敬而已”“古者方物之贡惟服食器用，故无耳目之娱，玩物之失”，朝贡各国宜“遵古典而行”“所贡方物务从俭……不贵多”“宁使物薄而情厚，勿使物厚而情薄”。

32 黄枝连提出的天朝礼治体系，强调礼仪、礼义、礼治、礼治主义在19世纪前的以中国为中心的亚洲国际秩序所发挥的重要作用，是着重于意识形态—价值观的朝贡体系的另一种表述。可以部分地解释中国在朝贡体系中的象征意义与各国的认同机制。参阅黄枝连，《天朝礼制体系研究（上卷）：亚洲的华夏秩序——中国与亚洲国家关系形态论》，中国人民大学出版社，1994。

33 明洪武五年，明太祖因“高丽贡献使者往来烦数”，喻令限制其供期与贡品数额，“宜令尊三年一聘之礼，或比年一来，所供方物止以所产之布十匹足矣，勿令过多”，并告占城、安南、爪哇等国及“新附远邦凡来朝者”一同遵行（《明太祖实录》卷76），对日本更是许其十年一贡。唯有琉球以其“恭顺”而“任其时至入贡”（《明史》卷81《食货志》），直到成化十一年（1475年）才对其贡期加以限定（《明宪宗实录》卷140）。

34 明洪武年间，安南、占城、暹罗均存在一年多贡的现象，暹罗曾达一年四贡，高丽曾达一年五贡，琉球于洪武二十九年（1396年）更达一年七贡之多。高丽自永乐朝后基本保持“岁辄四五至焉”的朝贡频率。而琉球则始终保持一年数贡，在宣德元年（1426年）更是创下一年八贡的纪录（《明宣宗实录》卷15—23）。

35 明洪武十七年（1384年），明太祖下诏“命有司凡海外诸国入贡有附至私物者，悉蠲其税”（《明洪武实录》卷67），这一政策此后一直被遵行。

36 Hamashita（1994）“The Tribute Trade System and Modern Asia”.

37 Hamashita（1994）“The Tribute Trade System and Modern Asia”； Hamashita（1997）“The Intra-regional System in East Asia in Modern Times”；阿瑞吉、西尔弗，《现代世界体系的混沌与治理》，2006，269—272页。

38 滨下武志，《近代中国的国际契机：朝贡贸易体系与近代亚洲经济圈》，中国社会科学出版社，1999，32页。

39 Hamashita（1994）“The Tribute Trade System and Modern Asia”；Kawakatsu（1994）*Japanese Industrialization and the Asian Economy*, pp. 6-7.

40 关于7—17世纪日本在朝贡体系中的经济地位，参阅吉普鲁，《亚洲的地中海：13—21世纪中国、日本、东南亚商埠与贸易圈》，新世纪出版社，2014，第七章。

41 关于近代之前日本的朝鲜观，参阅郭锐、王箫轲，《近代以前日本的朝鲜观》，《史学月刊》2014（09）。

42 日本拒绝忽必烈的遣使招降，称“我夷彼亦夷也，乃欲臣妾我”（见《明实录》洪武四年条），以蒙古非中华正统拒绝向其称臣。1271年与1281年元朝两次从朝鲜半岛出兵进攻日本均遭失败，导致日本的自我意识空前高涨。“神风护国”说助长其神国思想，于是日本不再以夷自称，而视自己为“神之末叶”，贬抑蒙古为“犬之子孙”（《八幡愚童记》）。

43 日本古学派的代表人物山鹿素行，作《中朝事实》，以日本为“中朝”，以神话为“事实”，否定“中华”或“中国”之名专属汉土，从“皇统论”“水土论”“武威论”出发，论证日本在文明上高于一切其他国家包括作为“外朝”的中国，足以当“中国”之名。由于清朝统治下的中国已不复为中国（以夷变夏），故而本朝即中朝，日本才是“中国”。这可以视作是这一时期的日本型“华夷之辩”的代表之作。参阅山鹿素行，《山鹿素行集》第6卷，东京国民精神文化研究所，1931。

44 王屏，《论日本人“中国观”的历史变迁》，《日本学刊》2003（02）。

45 晁中辰，《明代海禁与海外贸易》，人民出版社，2005。嘉靖朝以来海商集团的斗争及此后海外贸易的拓展，参阅182—243页；关于邓芝龙集团的崛起，参阅244—262页；关于海外华侨的出国高潮，参阅278—292页。

46 许毅、隆武华，《试论清代前期对外贸易政策与海禁的性质》，《财政研究》1992（07）。

47 Hui（1995）“Overseas Chinese Business Networks: East Asian Economic Development in Historical Perspective”；阿瑞吉、西尔弗，《现代世界体系的混沌与治理》，2006，272—275页。

48 关于华侨团体对辛亥革命之支持与影响的学术综述，参阅任贵祥，《华侨与辛亥革命百年研究述评》，《史学月刊》2012（03）。

49 据《中国对外经济统计年鉴》《中国对外经济贸易年鉴》各版本的统计数据，1979—1994年的外资投资额中，港澳资本占60.76%，台湾资本占8.83%，东盟国家资本占3.68%，广义上的华人资本占中国的外资投资的73.27%，而同期美国资本只占15.76%。1992年后外资对华投资明显加速，1994—1998年中国实际利用外资直接投资2037亿美元，香港资本为995亿美元，占48.86%，澳门资本为23.5亿美元，占1.15%，台湾资本为162亿美元，占7.97%，东南亚五国资本为153亿美元，占7.5%，广义的华人资本占65.5%。在欧美资本对华投资大幅增加的背景下，华人资本依然是这一时期中国所吸引的外资主力。

50 除了海外华人资本外，日本在1979年后向中国政府提供的3万亿日元援助，包括有偿资金合作（日元贷款）、无偿资金合作和技术合作，对化解改革开放初期中国的资金、技术紧缺和能源供应不足等问题，推动包括上海宝钢、首都机场、武汉第二长江大桥在内的一批长周期、高难度的重大基础项目建设，发挥了较大的作用。在此过程中，日本企业也获得了进入中国市场的巨大便利。

51 Cumings（1997）“Japan and Northeast Asia into the Twenty-first Century”；阿瑞吉、西尔弗，《现代世界体系的混沌与治理》，2006，290—292页。

52 亚当·斯密曾多次在《国富论》中以中国为高度富裕、成熟而趋于停滞的国家代表。同时，中国也是某种符合斯密意义的“高水平均衡陷阱”的代表，即伴随资本的不断累积与竞争的不断强化，资本投资收益率不断趋于下降而导致其“财富完全达到该国土壤、气候和相对他国而言的位置所允许获得的限度，因而没有再进步的可能”。值得注意的是，这种“高水平均衡陷阱”对于斯密而言，绝非落后的标志，也不局限于特定的国家或经济发展模式，而是带有普遍意味的经济充分发展的必然结果。参阅斯密，《国民财富的性质和原因的研究》（上卷），商务印书馆，2013，65—66页、87—88页、182—183页、198—199页、338页，引文见87页。另可参阅阿里吉，《亚当·斯密在北京：21世纪的谱系》，2009，41—42页、49—55页。

53 白钢，《中国社会主义的文明观》，《国外理论动态》2012（01）。

第五章
后美国世纪的世界趋势

从“去政治化的政治”到“再政治化的政治”

在国家领域和政治范畴，20世纪70年代后期开启的世界性**“去政治化的政治”**[1]周期，是作为对60年代的“政治化的政治”趋势之整体性否定而出现的。东西方各自之“政治化”过程的终结，既意味着经受了巨大危机的两种社会体制的重新巩固，也代表了“去政治化的政治”时代的全面到来。换言之，这种“去政治化”过程所包含的世界认识与世界想象，是由60年代的“政治化”逻辑所激发并受其规定的，不过以一种颠倒的形式。因此，“去政治化”时代的本质，寓于此前的“政治化”中。

如果说在“政治”范畴中，“政治化”意味着权力体制始终面对来自群众主体性的冲击，而不得不调整自身结构来作出适应，那么"去政治化"则意味着权力机制对这种群众主体性的系统性疏离、排斥与消解。与"政治化"相伴随的是群众的"组织化"，是个体被组织起来形成共同体（"人民"）并通过共同体实现共同利益的过程。而"去政治化"则必然导致"去组织化"，通过共同的理念、认同与事业被组织起来的"人民"，重新被拆散为无数独立的个人，这种"原子式个体"的总和，则转化为消费或统计意义上的"大众"。作为其结果，各自社会体制下的**市场逻辑**成为群众的主体性和组织形态的替代品，**国家—政党体制**转变为中性化的以巩固权力为核心。[2]

20世纪60年代"政治化的政治"的特征，体现为针对二战后两极化的国际体系和分属两大阵营的两种国家政治体制发起的双重挑战。

就国际体系而言，从20世纪50年代的万隆会议到60年代高涨的亚非拉民族解放运动，展现出世界体系超越美苏两极对峙格局的新型可能，从而构成一种以两大阵营之外的"群众"（新兴民族国家）为主体、以打破两极对国际关系领域的权力垄断为目标的"政治化过程"。毛泽东的"三个世界理论"，既是对这种国际关系领域的"政治化过程"的提炼总结，也令其中包含的"政治"意义（敌友关系与自我认知）空前清晰地透现出来。

就国家政治体制而言，无论是以多党政治为特征的西方民主还是以一党政治为特征的社会主义国家—政党体制，在20世纪60年代均遭遇重大危机。这种危机在西方世界，表现为以1968年法国五月风暴为代表的激进学生运动和社会运动对既有政治体制的激烈批判，进而引发西方传统价值观的全面动摇。在社会主义阵营，则表现为以中苏论战为开端的社会主义体系的内部分裂。这场分裂既是对社会主义阵营内部的既有权力格局的挑战，也呼应于第三世界的兴起及国际关系领域的“政治化过程”，并引发了关于社会主义之本质、道路、未来的一系列新型思考。

中国在这一时期发展出的以阶级斗争为纲的理论及实践，本意是希望共产党成为具有高度政治敏感与觉悟的政治主体，防止在国—党制度确立的过程中，因自身现实阶级的代表性日益模糊，而沦为丧失政治意识的客体化的官僚体制代表。“阶级矛盾”等说法在当时语境下被着重强调，所依据的是政治原则而非经济原则（1956年大规模农业及工商业已完成社会主义改造），这些话语所指涉的不是已有的事实，而是潜在的可能。正是基于这种政治逻辑的绝对优先地位，一场规模空前的以遏制国—党体制的异化（“修正主义”）、塑造始终保持阶级—政治主体性的、以国—党关系为目标的运动，被命名为“文化大革命”。它代表着20世纪60年代世界范围内“政治化”运动的巅峰：彻底的理论，广阔的范围，巨大的影响，漫长的持续性。因此，“文革”的发生、演化及失败，便构成了这场世界性的“政治化”运动的命运缩影。

在政治自身“去政治化”的过程中，西方式多党政治体制放弃了卢梭所设想的作为民主基础、代表社会共同利益的“**公意**”（**volonté générale**）[4]假设。民主的本质由“人民当家作主”蜕变为奥地利政治经济学家约瑟夫·熊彼特（Joseph Schumpeter）意义上的“**人民选择他人做主**”[5]。作为政治主体的人民降格为作为利益主体的选民，进而分解为若干因利益而勾连起来的利益集团，利益集团相互博弈的过程成为民主政治的主要内容。这种利益集团的博弈，被描述为自利的个体通过与特定的秩序相结合，其服务于自身利益的行动则会客观上推进社会公益的最大化。通过在政治实践中引入经济学有关自利的“经济人”的假说，最终取消了政治的独立地位（“政治性”），使之变为一种遵循市场逻辑的特殊行为。市场逻辑相对于政治逻辑的优先地位（或者说，政治相对于资本的从属性），结合竞争性选举对外部资源的大量需求，使得资本力量（从公开现身的游说集团到隐在幕后的巨头大鳄）得以渗透到政治活动的方方面面。民主政治沦为市场化的、经常性进行暗箱操作的利益博弈机制，政府成为比传统自由主义意义上的“守夜人”更体现工具理性、参照“有限责任公司”模式承担“有限社会责任”的公共领域“职业经理人”。

处在这种市场化利益博弈机制中的政党竞争，其本质正如麦迪逊在《联邦党人文集》第十篇中所言：“一些公民……团结在一起，被某种共同情感或利益所驱使，反对其他公民的利益，或者反对社会的永久的或集体的利益。”以党派政治体现出的利益集团博弈，既进一步放大了原本就内在于社会结构的利益群体规模与其现实影响力的差别，也事实上取消了各种政党在政治理念与政治品质上的差别，使之成为高度趋同的利益博弈机器。不同集团所进行的利益博弈，在不触及阶级结构、所有制与财产权等核心问题，即不动摇资本逻辑的统治地位的前提下，只能围绕各种次要问题展开。在此过程中，为了尽可能多地获取外部资源倾斜，必须不断放大自己的利益诉求而贬抑乃至抹杀对立集团诉求的正当性，从而不断提高解决问题的社会成本，造成不同利益群体间关系的进一步对立与紧张，以及公众对各方陈述的无所适从与无法相信。

这种以回避核心矛盾、突出次要矛盾为特征的利益集团博弈，造成关系到全体人民根本利益的大事往往无从讨论或久拖不决，而次要的矛盾则不断被夸大激化。当代西方之“承认的政治”，正是这种背景下的产物。它几乎无差别地将阶级、族群、宗教、文化、社会、家庭、婚姻、性别等等均视作产生压迫—奴役之权力关系的领域，要求对一切在上述领域处于“被歧视地位”的个体—群体的存在—行为予以承认。这貌似大大拓宽了个体的自由权，却因陷入对无数次要矛盾支离破碎的讨论及无限放大之中，而忽略遗忘了资本主义制度根本的主要矛盾。在此格局下，深刻的政治冷漠（利益界限早已分明的领域）与激烈的社会撕裂（利益界限尚未划定的领域）并存：冷漠源于个体面对利益格局固化时的无能为力，社会撕裂的创痛会触动冷漠者并加深其无能为力的挫折感，却只能以更深的冷漠加以应对。

中国在这种世界性的政治自身“去政治化”过程中，地位颇为特殊。市场经济的逻辑，逐渐渗透到社会的每一细节，与市场经济紧密相关的等价交换原则、自利的“经济人”假设、自我调节的市场信仰（“看不见的手”），都不可避免地对党员干部的自我认识产生影响。与之相应，淡化党的阶级—政治属性，突出结构性和控制性的权力体制，弱化党内分歧的政治含义，用中性的现代化叙事取代政治价值判断，成为这一时期针对国家—政党体制的“社会科学”化分析的主流。

然而，中国式国家—政党体制并未蜕变为中性化的国家—政党体制，其内在的政治品质依然顽强地保留着。中国共产党周期性进行的大规模政治动员与持久的思想政治建设，构成了一种打破常态运作模式、防止国家—政党体制僵化的自我刺激—自我净化机制。从这一视角出发，才能理解20世纪80年代以来的“清除精神污染”、“反对资产阶级自由化”、“讲学习，讲政治，讲正气”教育、“学习型政党”建设等一系列教育行动，以及越来越严格的反腐倡廉与纪律监察，对于保持国家—政党的政治主体性所具有的重要意义。这使得西方政界与学界（以及中国国内与其持相似立场者）所期待的中国式国家—政党机制的自我否定与自我消解，始终未能实现。这种国家—政党机制终于通过了“去政治化的政治”的考验，迎来2012年党的十八大所开启的新周期。

伴随20世纪90年代初苏联—东欧阵营瓦解与冷战结束，“去政治化的政治”在“历史终结论”所描绘的人类图景中达到高潮：人类历史终结于自由市场经济与西方式民主体制，一切制度性的质变不复存在也不再需要。“历史的终结”本质上是“政治的终结”。进入21世纪后，“9.11”事件与此后发生的美国针对阿富汗与伊拉克的战争，在事实上否定了“历史终结论”的同时，也标志着“去政治化”过程的式微。2008年爆发的金融危机，不但全面动摇了“自我调节的市场”假说，更令全球进入了一种无法依靠常态化的市场逻辑与政治机制解决的重大例外状态。世界各国包括美国政府所采用的一系列非常规的救市措施，既标志着政治摆脱了“去政治化”过程以来对市场逻辑的依附与从属地位，也宣告了世界性“去政治化”的正式终结。金融危机所引发的全球失序，令“去政治化”所导致的政治力量（特别是政党）代表的模糊、国家决策机制受资本利益驱动、社会碎片化等问题空前清晰地暴露出来。全球化过程中处于边缘地位却不得不承担金融危机主要代价的各国底层民众，因生活实际状况与舆论宣传之间的巨大鸿沟（且在进一步扩大中），产生了异常强烈的“被损害的”感受。互联网信息技术的发展，为处于碎片化状态的他们提供了交流互动的空前方便，而各国的整体性国家权力则在跨国资本主导的全球化过程中被空前削弱，这种新技术条件下，民众的重新组织化即政治的“再政治化”变得无可阻挡。

2011年9月17日，纽约华尔街遭遇了一场大规模的游行抗议。尽管每年在美国都会发生数以千计、大小不一的各类游行，但有两个重要因素使这次抗议活动体现出不同寻常的意义。其一，此次游行直接针对的是作为美国乃至世界金融资本标志的华尔街，并以“占领华尔街”（Occupy Wall Street）为目标；其二，游行中明确出现了“消灭资本主义”（Abolish Capitalism）的标语，游行者甚至呼喊出“现在就革命”的口号。“占领华尔街”运动，作为不满于资本主导的世界现状、渴望一种新世界可能性的全球范围群众运动的代表，拉开了“再政治化”时代的序幕。在世界性的“政治去政治化”趋势后，一轮空前规模的“政治再政治化”浪潮席卷全球。

如果说，20世纪70年代末以来的政治自身的“去政治化”是对60年代“政治化”的颠倒，那么2011年后的“政治再政治化”则是对这种颠倒的颠倒，即一次反弹——它不可避免地呈现出与60年代“政治化”的关联与相似。迥异于“去政治化”时代政治的庸常面目（《现代世界体系》第四卷以“中庸的自由主义的胜利”为题，虽然是对英国治下百年和平的描绘，但也适用于“去政治化的政治”时代），“再政治化”的初始阶段，是各国中下层民众被压抑许久的怨愤情绪的集中爆发，故而异常猛烈激进，带有极大的破坏性与颠覆性，其矛头直指一切被视作压迫者的组织与制度，正如1968年五月风暴对整个国家体制的挑战。

20世纪60年代的“政治化的政治”，是世界左派运动的重要组成。整体上采用带有社会主义倾向的理论资源与符号体系，其激进性既反映在对资本主义体系的批判，也体现于对苏联所代表的旧社会主义模式的摒弃，而选择更非主流也更富于锋芒的托洛茨基、切·格瓦拉与毛泽东作为精神象征。21世纪的“再政治化的政治”，至少在初期阶段，既无明确的政治纲领与政治诉求，也缺乏清晰的理论指导，而呈现为各种社会思潮的杂烩，从极“左”到极右，从各种非主流的社会主义思想，到原教旨主义、极端民族主义、极端国家主义、地方保护主义乃至部落主义，均能在运动中找到对应。

“再政治化的政治”这种形式上的高度激进性与内容上的高度空泛性，使其极容易被特定势力（包括这种运动所主要批判的跨国资本）所操控利用，也得以超越传统意义上的社会制度差异而发生于各种类型的国家和地区。带有“颜色革命”性质的2011年“阿拉伯之春”、2014年乌克兰“二次颜色革命”、2016年巴西“司法政变”（或称“议会政变”）、2019年对委内瑞拉马杜罗政权的“极限攻势”，显露出西方势力借“再政治化”浪潮输出其社会体制的图谋。2011年美国的“占领华尔街”运动、2016年英国的“脱欧”以及特朗普当选美国总统、2018年法国发生的“黄背心”运动，则标志着西方主要国家的社会体制受到“再政治化”的巨大冲击。

在这一阶段世界性的“再政治化”过程中，中国的国家—政党体制展现出独一无二的重要性，对后美国世纪的世界体系未来发展贡献了中国力量。

自2012年中国共产党第十八次全国代表大会（党的十八大）以来，中国的国家—政党体制的政治属性与政治品质不断得以强化。2016年中国共产党第十九次全国代表大会（党的十九大）的召开和习近平新时代中国特色社会主义思想的确立，标志着中国的社会主义事业进入具有世界历史意义的新时代。党的十九大报告将“坚持党对一切工作的领导。党政军民学，东西南北中，党是领导一切的”置于新时代坚持和发展中国特色社会主义基本方略的第一条。党的十九大后在全党开展“不忘初心、牢记使命”的主题教育，2019年《中共中央关于加强党的政治建设的意见》明确提出，“党的政治建设是党的根本性建设，决定党的建设方向和效果，事关统揽推进伟大斗争、伟大工程、伟大事业、伟大梦想”，既清晰地展现出新时代的“再政治化的政治”意义，也深刻地表达了“再政治化的政治”在中国当代语境中的真实内涵。与之相应的，加强党的基层组织建设、发挥基层党组织战斗堡垒作用、加强和改进党的群团工作等一系列工作，则体现了作为“再政治化”应有之义的群众的“再组织化”。相对于世界大多数地区发生的“再政治化”运动的否定、破坏、颠覆特征，中国的国家—政党体制之“再政治化的政治”是在中国共产党的主导下有序推进的，是对国家—政党体制的巩固、促进与提升。

中国的这种具有清晰的政治纲领和理论指引而富于建设性的“再政治化的政治”，展示出“再政治化”运动的另一种趋向，也预示着世界性的“再政治化”过程，在经历鱼龙混杂的激进“反制度主义”初期阶段后，可能迎来一种超越单纯的否定性、具有更广阔的世界视野与更健全的政治想象的新时代。

五百年未有之大变局

自16世纪资本主义生产方式在西欧生成确立，东西方整体攻守之势发生了重大的逆转，一种以欧洲经验与逻辑为主导的世界体系将全球所有国家和民族摄入其中。16世纪以来的世界体系与13世纪及此前世界体系的重大差别在于以下几点。

1. 这种世界体系是在资本逻辑主导下、通过强势的民族国家—帝国的势力扩张建立的一种普遍秩序，是国际资本以国家为寄生宿主并与之结盟共同支配世界的结构

就经济—社会而言，呈现为资本主导；就政治—军事而言，反映为霸权的兴起与迭代。霸权的兴衰与资本的扩张—收缩过程呈现高度的对应性。霸权总是作为一轮生产、商业、金融的竞争性扩张的最大受益者出现的，也必定会在扩张最具有活性的阶段打上自己的特色印记。经济扩张周期的结束往往伴随着霸权的衰落与体系内竞争加剧，衰落中的霸权通过金融扩张（与生产周期、商业周期不同步乃至相背离）暂时性地化解（本质上是延缓）这种“信号危机”，在金融扩张所引发的资本狂欢与社会分化加剧后，不可避免地迎来以战争或资产泡沫破裂为标志的“垂死危机”。

2. 此前世界体系的范围仅涵盖亚欧大陆（及北非的一部分），16世纪以来的世界体系则真正具有了全球性

伴随着大西洋航线的开发与地理大发现，南北美洲、整体的非洲、大洋洲乃至南北极均被纳入体系中，从而形成了一种前所未有的全球化扩张。世界体系的核心区也由地中海转向大西洋，进而转向太平洋。地处“新大陆”、同时接邻大西洋与太平洋的美国，成为20世纪世界体系的主导者，既是这种世界体系重心转移的结果，也是其重要组成部分。

3. 世界体系的空前拓展与新航路的开启及围绕新航路控制权的争夺紧密相关

在此过程中，海权崛起并压倒陆权，成为霸权国家统治世界的重要战略手段。荷兰（控制波罗的海航线与印度洋贸易）与英国（控制大西洋三角贸易和直接占领印度），都体现了典型的海洋国家通过海权反制陆地国家的特征，美国则作为洲际级别的岛屿融海权与陆权于一身。海权和陆权的博弈关系逆转，引发了地缘政治、军事战略与世界体系内中心—边缘关系的跨时代转变。

4. 与囊括全球的世界体系相应，一种世界历史叙事与解释体系应运而生

如果说，一种以亚欧大陆为主体的大规模政治—经济—文化互动，不但存在于16世纪之前，更可以上溯到公元前3000年，而指向一种长达5000年的世界体系，那么这种世界体系更大程度上是自在的存在，虽有实体，却尚未拥有与之相应的自我意识。近代以来，将人类历史作为一个整体加以考察的历史科学与历史哲学的兴起，填补了这种自我意识的缺失，标志着世界体系从“自在”阶段向“自为”阶段的决定性跨越。有关5000年世界体系的认知，正是这种自我意识发展的产物。

5. 与16世纪以来的世界体系的权力格局相应，欧洲与西方占据着主流世界历史叙事与解释体系的中心地位

以希腊—罗马—基督教为轴心的西方文明被标示为人类文明之正宗，现代资本主义被视作西方文明自我逻辑的唯一与必然的实现

形式。依照这一逻辑，在已经进入成熟阶段的现代化进程中，一切其他人类民族以及所属的文明都只是旁观者和被动者，或者说，“东方”唯有放弃自我成为“西方”，才可能真正将进入“现代”。这种西方中心主义内嵌于世界历史解释体系的结构，使得这一体系既包含着丰富宝贵的历史信息与内在理论，又带有根深蒂固的傲慢与偏见，空前广阔的世界视野与空前扭曲的世界认知深深地纠缠在一起。西方中心主义赋予欧洲的历史经验以普世—永恒的外观，形成了一整套带有自我扩展机制的概念表述与分析框架（如民族国家，市民社会，国家—社会的对立），使得非西方民族对自身历史与现实的认知也不得不依赖于这套概念体系。

6. 现代世界体系的形成

从来不是如某些学者宣称的那样通过自由市场经济的方式（在15—19世纪的世界贸易中，遵守这一原则的是朝贡体系诸国），而始终伴随着西方列强的殖民掠夺、武力入侵、灭绝种族、奴隶贸易这一系列极不符合自由市场原则的野蛮行径，在此基础上建立的国际分工与利益分配格局也始终有赖于各种暴力手段加以维系。作为世界体系的主导国家，前期的英国与后来的美国均公开将自己称作罗马帝国的继承者，并直接借鉴吸取希腊—罗马的统治技艺，将基督教的传教活动转化为殖民扩张的实践，将希腊人—野蛮人、基督徒—异教徒这样的古老划分，转化为殖民—被殖民、支配—被支配的现实关系。这种空前规模的帝国主义—殖民主义的实践，以空前的代价塑造了丰富、复杂、完整的帝国谱系。

自16世纪以来，世界体系已经历两次重大的内部霸权转移：荷兰霸权向英国霸权的转移（以1815年《维也纳条约》的缔结为标志）和英国霸权向美国霸权的转移（以1945年二战结束和联合国成立为标志）。

目前，美国主导的世界体系正面临日益严重的危机，进入加速失效进而失序的过程。

作为这一历史过程的见证者，法国总统马克龙在2019年10月的外交使节会议发言中指出，国际秩序正在被一种全新的方式所颠覆。他以一种法国人所特有的敏感，感受到新旧世界体系间隙中欧洲的困境（参阅附录一），进而触碰到16世纪以来世界体系结构性变化的内核，严肃而无奈地承认，西方的霸权或许已近终结。这种世界体系的转型、整合与重组，不但指向由西方主导的世界体系的终结，也包含着世界体系摆脱16世纪以来由霸权国家进行统治之模式的可能。

如果新世界体系的演化不只是16世纪以来历史逻辑的延续，而是更根本性的战略重组，即一种真正意义上的五百年未有之变局，那么新的世界体系，更有可能不再由单一霸权/单一核心区作为主导，而将呈现类似13世纪世界体系的更为均衡、更富张力的国际格局。由于新世界体系所包含的空间远比13世纪世界体系更为广大，也可能包含着比当时的世界体系更多的核心区与更复杂的结构。

其中，较为确定的核心区，应当包含：

（1）基于传统的朝贡体系并依照更平等的原则转型而成的东亚共同体；

（2）实现更高一体化程度并拥有更完整主权的欧盟；

（3）拥有全世界最多人口与较年轻的年龄结构、逐渐摆脱种姓制度影响、完成现代转型的印度。

美国是否能进入这一核心区行列，取决于它的衰落进程、在衰落中对原有体系之剩余价值的榨取程度以及各国的反应，也关涉到其内部的孤立主义倾向与全球化倾向博弈的结果。美国博弈的过程也可看作是霸权之后世界各国能否开展深度合作的缩影：多轮博弈中的前一万次合作都有可能是战略欺诈，为的是在第一万零一次获得胜利。而美国的状态，又会直接影响与之毗邻的加拿大与墨西哥在世界体系中的地位。

在核心区之外，还会存在影响力远超一般地区性强国、但尚不构成整体性影响力的亚核心区，典型代表如金砖国家中的俄罗斯与巴西。非洲大陆在结束长期战乱后，如果能出现比目前更紧密连接的区域共同体，推动区域经济实现持续快速增长，也完全可能扮演这种角色。

值得一提的是，伊朗作为伊斯兰世界中将伊斯兰教法与现代国家原则进行结合的代表，如果能通过美国的外部制裁与内部反对派力量的双重考验（2020年伊始发生的伊朗伊斯兰革命卫队圣城旅旅长苏莱曼尼遭美国导弹空袭身亡事件，伊朗对美国驻伊拉克军事基地进行的报复性打击，以及此后因伊朗误击乌克兰客机所引发的国内抗议，都是这种历史性考验的一部分），将上升为中东地区的主导国家与地中海东部重要的政治力量。那么以伊朗为中心的什叶派之弧区域（范围包括伊拉克、叙利亚、黎巴嫩、也门），其影响力虽尚不及曾作为地中海世界核心的波斯帝国，但可能与帕提亚帝国（波斯第二帝国）和萨珊王朝（波斯第三帝国）的地位相当。这将是整体东方世界中，除中国与印度之外，又一文明古国的复兴，是东方世界重返世界历史舞台中央的重要组成部分。

新世界体系中还会存在一些影响力明显较核心区及亚核心区更低、但又不能只归为地区性强国的特殊国家，如脱离欧盟后的英国以及土耳其、澳大利亚。它们与核心区、亚核心区及各自的次级系统，共同构成新世界体系之多层次立体网状结构。

新的世界体系的非单一中心特征，对应于信息时代的扁平化组织结构与去中心化趋势，正如16世纪以来世界体系的霸权模式对应于工业时代的垂直型科层化体制。而技术手段与组织形态的重大变化，也决定了在新世界体系中，海权相对于陆权的支配性地位将不复存在。16世纪以来海权的崛起，源于传统的陆路运输无法满足因生产力水平提升所形成的物资需求激增。海运成为大宗商品—物资运输的重要方式，航线价值极大提升。通过掌握航线实现对重要商品贸易的控制与垄断，并成为海洋强国以线制面、以小制大的战略选择。围绕着航线的争夺，发展海军力量成为商业拓展的直接延续，以海军护航商队进而展开殖民活动，构成了一种扩张性的军事—商业互动模式。海权压倒陆权，本质上反映了海洋强国通过控制枢纽航线和岛链港口，形成了在资源调度上的根本性优势。

进入21世纪后，中国高铁技术的成熟与广泛运用，极大地提升了陆上人员物资流动的机动性与能量效率，改变了海权相对于陆权在资源调度上的“降维打击”优势。贯穿亚欧大陆的高铁计划，一旦成功实施，将使亚欧大陆前所未有地紧密连接起来。更为重要的是，以高铁连接的跨城市生活圈，不但有力地推动了区域经济的一体化发展，也带来了亿万人生活模式的巨大改变，而生活模式的深刻变化又催生一系列重大商机和商业模式创新。高铁以人为核心，通过改变人的出行方式改变其生活模式，进而推动商业模式创新，这些是以大宗商品物资运输为核心的海洋运输根本上无法比拟的。如果说以万吨轮与航母为代表的大型船舰对应于工业化时代的发展，那么高铁则类似智能手机，既是现代工业的杰出成果，更是信息时代的产物，它对人的生活习惯的影响本质上是对信息流的重组改造。

如果说高铁代表着陆权的重新崛起，那么“一带一路”的设想与实践，则借用古代丝绸之路的历史符号，展示了陆权与海权在新世界体系中摆脱对抗关系、协同共进的前景。“一带一路”所涉及的国家与地区，贯穿亚欧大陆，大致对应于13世纪世界体系的范围。某种意义上，“一带一路”象征着13世纪世界体系在新历史条件下的重构，是新世界体系之内在逻辑与精神气质的具象化呈现。

在陆权与海权之外，以运载火箭、卫星导航、载人航天为手段，以太空往返、太空常驻、太空开发为目标的空天权，则指向人类超越地球、进入太空的全新存在。如果说新大陆的发现标志着“大航海时代”的开启，带来海权的崛起，那么有关地月经济圈的设想则展现了“大航天时代”的可能。空天权之于新世界体系，或许正如同海权之于16世纪以来的世界体系。

核心区与陆权—海权关系的再平衡，都意味着新世界体系中东西方战略地位的重大转变，这也必然会引发思想意识领域的重大变化。相对于政治、经济、国际关系领域，思想意识领域的变化会更复杂也更持久。西方中心主义内嵌于世界历史解释体系乃至现代知识体系中的格局，使得对西方中心主义的超越，必须伴随对16世纪以来的种种概念范畴、研究范式、学科建构，进行系统性的反思、扬弃、重构。即便考虑到知识迭代加速的趋势，这也仍是一项需要数代人全身心投入的浩大工程。

面对世界历史解释体系，最软弱怯懦也最廉价的批评，就是因为这一体系的偏见而拒绝一切它的合理成分。而以西方中心主义对待其他文明所使用的方式，去贬低西方文明及其源头，本质上是一种颠倒的西方中心主义。对内嵌于西方中心主义的现代普世主义的超越，不但应揭露这种“虚假普遍性”中的特殊性，即现代普世主义表面机制（现代化）之下潜藏的内在机制（西方化），更要发掘出“虚假特殊性”中的普遍性，即非西方文明的普遍性印记以及构建普遍性的能力。新世界体系在精神上的真正成熟，在于超越对西方中心主义主导的世界历史解释体系的固执或颠倒，生成一种全新形态——吸纳以往各种文明研究成果，超越一时一地之狭隘认识，能对世界各种文明的特质、成就、命运及彼此关联，作出更合理、更完整、更高明的解释。

亨廷顿所预言的“文明冲突”，认识到斗争是一切事物作为矛盾的存在所不可避免的状态，却将作为理论范畴的斗争与现实中的斗争等同起来。虽然亨廷顿本人对美国的“政治正确”运动深感焦虑，但文明冲突论却在本质上与“政治正确”一样，都是一种强调差异之绝对化特征的“承认的政治”。如果说“政治正确”代表着“承认的政治”中尊重每一领域内“被歧视”的少数权利的柔性特征（以至于常在讽刺揶揄中被称作“圣母”），那么文明冲突论则展现了“承认的政治”所包含的各方为获得承认而进行生死搏斗的残酷面相（保守主义思想家常将之归为“男人气概”）。依照这种逻辑，差异导致斗争，斗争导致斗争升级，斗争升级导致不可调和、你死我活的斗争，差异的绝对性导致斗争的绝对性，进而导致你死我活的斗争不可避免。如果说，“政治正确”意义上的“承认的政治”，是将已存在的各种差异置于一体，即让差异只是保持为差异，却无力也无意改变这些“差异”的状态，那么文明冲突论则否认这种只是保持为差异的状态能够持久，而赋予其永恒斗争的命运。

因此，对“文明冲突论”的真实超越，便意味着须由“承认的政治”向一种更高的政治—文明形态跃迁。相对于承认差异并满足于此的“承认的政治”，更高的形态可被命名为“**觉悟的政治**”。它不但能承认各种差异—特殊的存在，更能构建一种超越孤立的差异—特殊的共同体。在此共同体中，差异—特殊不但是其自身，也包含着因自我转化、自我超越而成就的统一的、普遍的存在。

在“承认的政治”中，核心是特殊权利的归属与认同，是权利始终保持为特殊的“为我而存在”。文明冲突论意味着，各种文明只能作为“为我的存在”，即出于争取自己的特殊权利而不断厮杀。而在“觉悟的政治”中，核心是特殊权利如何扬弃特殊性而成为普遍的权利，是在觉悟于自他根本无二的基础上实现的为他与为己、权利与责任的统一。

它指向真实意义上的“**天下主义**”。天下既不是依托于有形之国家疆域的纯粹地理延展，也不是依照暴力或资本的原则确立的特定利益范围，更不是以征服为旨归的压迫性的区域或世界帝国，而是来自不同的国家与民族、具备不同的文化信仰习俗之人群，作为平等主体所结成的文明共同体。它以“了解之同情”的文明认同为基础，以“推己及人”“和而不同”为原则，以“远近大小若一”为理想，以“共进于太平”为旨归。这是前述的新核心区、亚核心区与特殊国家乃至全世界之间，所能达到的最高状态。

公元前350年至公元前30年的“希腊化时代”，作为人类第一次全球化高峰，在西方语言中形成了οἰκουμένη（本意为“能被人所居住的土地”）这样既表达地理意义上的广阔空间又包含普遍秩序意义的概念。它与梵语caturdaśabhuvana（本意为“四方存在”），汉语“天下”，构成了某种古典语境下的意义共同体，一起指向超越地域、族群、语言、文化之差异的世界共同体。在新的世界体系中，这组寄托东西方伟大文明的世界愿景的概念，将拥有前所未有的现实性。

人类文明的新轴心时代

德国哲学家卡尔·雅斯贝尔斯（Karl T. Jaspers）在1949年出版的著作《历史的起源与目标》一书中提出了轴心时代（Achsen-zeit）的概念。他认为，公元前800年至公元前200年之间，尤其是公元前600年至公元前300年间，是人类文明的“轴心时代”。在此期间，各个文明都出现了伟大的精神导师：中国的孔子与老子，印度的佛陀、大雄与《奥义书》作者，伊朗的查拉图斯特拉，以色列的先知，古希腊的荷马与哲学家（巴门尼德、赫拉克利特、柏拉图、亚里士多德）。同时也产生了伟大的精神传统：中国的儒家与道家（及诸子百家）等思想，印度的佛教、耆那教、印度教，伊朗的琐罗亚斯德教二元论，以色列的犹太一神教，希腊的史诗、哲学、悲剧与史学。雅斯贝尔斯将上述五种文明的精神成果进一步化约为**中国、印度、西方这三个地区之人类精神的觉醒**[6]，将这一阶段称为人类“精神化”的时期。

轴心时代是相对于此前数千年文明传统的伟大突破，展现了人类精神领域前所未有的张力与创造力。在这一阶段，人类提出了一系列关于宇宙秩序与人类命运的根本性问题，形成了围绕这些根本性问题的核心概念、意象、思维范式，并就上述问题留下对各主要文明体具有决定性意义的精神指引。这些指引以清晰、强烈、完整、深刻的方式，既展现了人类自身相对于宇宙整体的有限性，也彰显了人类对自身有限性的克服与超越。实现轴心突破的文明，均通过普遍性人类境遇的经验与反思，提供了某种普遍性的解释，并在带有普遍性的思考与实践中，成就了自身最为本质的独特性。这种通过建构普遍性实现的特殊性（同时也是通过特殊的自我存在呈现的普遍性），是轴心文明与此前的文明传统（以美索不达米亚文明与古埃及文明为代表）的最重大差别。这决定了它相对于此前的文明传统，不但更为博大精深，也能更持久地传承。轴心时代融入各主要文明体的精神血脉，成为各民族用以衡量整体历史意义的尺度，从而决定着它们各自的特征、气质与命运。正如雅斯贝尔斯所言："直至今日，**人类一直靠轴心期所产生、思考和创造的一切而生存**。每一次新的飞跃都回顾这一时期，并被它重燃火焰。自那以后，情况就是这样，轴心期潜力的苏醒和对轴心期潜力的回忆，或曰复兴，总是提供了精神动力。对这一开端的复归是中国、印度和西方不断发生的事情。"[7]

在公元前800年—公元前200年、北纬25度—35度的时空区间，出现了世界性的多文明轴心突破，且呈现出在文明间深刻的相互理解，这本身便是长达5000年的世界体系（其开端可上溯到公元前3000年）的证明，并深刻地推动了世界体系的扩展与演化。自轴心时代以来，经历了宗教领域中基督教与伊斯兰教的兴起、诺斯替（Gnosis）运动、佛教与印度教的密乘化、道家向道教的转化，政治领域中罗马帝国、汉帝国、唐帝国、阿拉伯帝国、蒙古帝国的兴起与崩溃，这些重大变化并未影响轴心文明在整体上的有效性，反而巩固、丰富、强化了原有体系。轴心时代所形成的宗教、伦理、道德、礼俗及整体的世界认知—想象乃至深层心理结构，构成了世界体系的“全部庞大的上层建筑”中最稳定的部分。但正如马克思所言，随着经济基础的变更，全部庞大的上层建筑也或慢或快地发生变革。伴随着16世纪以来世界体系经济基础的根本性变更，资本主义生产方式成为世界经济的绝对主导，轴心文明的各种遗产也不可避免地受到重大冲击。与此前时代的最大差别在于，这些冲击是如此巨大、深刻、持久，以致原有的体系不但不足以将之在内部加以化解，也不足以对其进行有效的认识、解释与推演。轴心时代形成的整体文明格局受到全面地动摇。

关于这种文化—文明（“上层建筑”）意义上的剧变，1848年问世的《共产党宣言》做了这样的表述：“资产阶级在它已经取得了统治的地方把一切封建的、宗法的和田园诗般的关系都破坏了。它无情地斩断了把人们束缚于天然尊长的形形色色的封建羁绊，它使人和人之间除了赤裸裸的利害关系，除了冷酷无情的‘现金交易’，就再也没有任何别的联系了。它把宗教虔诚、骑士热忱、小市民伤感这些情感的神圣发作，淹没在利己主义打算的冰水之中。它把人的尊严变成了**交换价值**，用一种没有良心的**贸易自由**代替了无数特许的和自力挣得的自由。总而言之，它用公开的、无耻的、直接的、露骨的剥削代替了由宗教幻想和政治幻想掩盖着的剥削。资产阶级抹去了一切向来受人尊崇和令人敬畏的职业的神圣光环。它把医生、律师、教士、诗人和学者变成了它出钱招雇的雇佣劳动者。资产阶级撕下了罩在家庭关系上的温情脉脉的面纱，把这种关系变成了纯粹的**金钱关系**。”[8]几十年后，尼采以融合了哲人与宗教家气质的激情与决绝，将社会意识领域所发生的根本性变化，浓缩为一句——“**上帝死了**”[9]。

相对于资本主义式现代性逻辑对一切以往传统的颠覆性影响，真正令人惊异的，不是轴心时代无法避免的没落，使传统元素失去了土壤，而是轴心时代的遗产在没落的过程中，还能顽强地在局部存活并发挥作用，依然部分地保留了活性。“轴心时代”这一概念的提出，恰恰发生于轴心时代的整体历史行将终结之际。现代性所带来的巨大危机与困惑，恰恰化作了回归文明本源、通过重温轴心时代寻求当下问题的根本解决之道的巨大动力。正如一场被命名为“文艺复兴”（Renaissance）的运动成为思想领域对中世纪欧洲最激烈而深刻的颠覆一样，人类精神历史上传统的回归，从来都不是一种简单的怀旧主义、复古情节的爆发，反而意味着传统经过颠覆性诠释后超越自我局限的全新登场。因此，轴心时代的真正意义上的精神回归，以确知轴心时代无可挽回的逝去为前提，意味着**开启新轴心时代的探索**。这种探索的重要动力来自于科学技术发展所带来的人类根本境遇的变化：伴随着20世纪90年代以来数字技术（人工智能、大数据、云计算、区块链）和新能源、新材料领域的革命性发展，作为旧经济学前提的稀缺性假设，受到严重的动摇乃至趋于消解。与之相应，建立在稀缺性假设上的供需曲线，以及利用供需曲线相交确定商品价格的微观经济学基础理论，也面临着来自现实的巨大挑战。

人类文明发展的进程，大致可分为采集—狩猎阶段、初级自然农业阶段、发达的自然农业阶段、工业化时代、后工业化—信息时代。一般的发展规律是，前一时代形成的资源积累与剩余，为下一时代提供资源支撑。就工业化时代而言，煤炭、蒸汽机是第一次工业革命的象征，但是工业时代真正的确立或者说达到不可逆的阶段，标志则是化肥的出现。工业时代的到来以粮食能源的积累与剩余为前提，而化肥的出现，意味着工业产品能够直接服务于粮食资源的获取，非粮食能源能够有效地转化为粮食能源。自此以后，人类发展不会因粮食资源短缺而无以为继，这使得后来工业时代的发展及技术进步可以在较长时间中处于没有瓶颈的高速增长状态。

马克思意义上的“物质极大丰富”与“财富的一切源泉都充分涌流”的状态，虽然在我们这个时代尚未完全实现，但信息的极大丰富和充分涌流已经成为现实。如果用高度发达的人工智能时代（或超级智能时代）来指称人类即将迎来的新阶段，那么，“去稀缺化”将不只发生于信息领域，而将遍及社会生活的方方面面，这甚至会比现代性逻辑对轴心时代以来的传统造成更根本性的冲击。它所涉及的，不但是一般意义上的文化—文明或上层建筑，更是自类人猿时代以来被认为永恒不变的“人性”与人的根本存在方式。这种“去稀缺化”过程必然会带来一系列商业模式创新，共享经济便是某种代表。尽管作为一种新事物，共享经济远未达到成熟的状态，在实践中出现了诸多问题，但已通过其探索展现出，曾被认为牢不可破的人的自利性特征如何伴随新的技术条件与经济形态而发生改变。

“去稀缺化”过程的深化将现实地证明：以自利为核心特征的“经济人”，只是人的本质中伴随着私有制的历史条件而生成的、在资本主义社会关系中极大强化的一个维度，这既非人本质的全部，也很大程度上甚至很难被描述成人的专有特征。事实上，这种意义上的“经济人”更接近于对人的动物性本能（如趋利避害、自我保全、欲望满足等）的描述，但人之所以为人，恰恰在于，除了作为欲望动物之外，不仅会提“人之异于禽兽几希”这样的问题，还有超越动物本能的更高追求。即便按照西方心理学中较为浅层的马斯洛需求层次理论，“理性人”或“经济人”也只符合最低端的生理需要与安全需要，而无法有效满足这之上的情感与归属的需要、尊重的需要，更谈不上自我实现的需要。

如同恩格斯在《家庭、私有制和国家的起源》中所揭示，家庭是私有制与私有观念从物质、财富层面向人际关系的延展，而国家则是私有制条件下阶级矛盾不可调和的产物，因此，凡是在特定的历史条件下产生、发展、固化的，也将因历史条件的重大变化而改变、弱化乃至消失。人类的技术、物质及组织形态在过去几十年以来的重大发展，既是这种历史条件变化的重要组成，也预示着整体社会发展形态即将发生跃迁。由于家庭、私有制、国家构成了自轴心时代以来人类价值观的核心，这些变化便意味着对人类整体价值观的重塑。

关于人类发展的前景，马克思是高度乐观的，他认为这标志着人类摆脱基于私有制的对物的依附关系与对人的依附关系，从而走向人的全面自由发展与“自由人的联合体”，“在那里，每个人的自由发展是一切人的自由发展的条件”。而20世纪60年代之后出现的研究未来学的罗马俱乐部，则代表着与之相反的悲观论调。在1984年上映的带有未来学性质的科幻影片《终结者》中，展现了在21世纪人类被自己创造的机器所奴役、因不堪机器的压迫而进行抵抗的场景，正反映出这种对人类命运的悲观预期。为了表达未来人类的悲惨境遇，影片中出现了机器驱赶人类去挖矿的画面，这无疑是把人类数千年历史中不断发生的人与人之间、阶级与阶级之间的剥削压迫移植到了人和机器的关系上。尽管在智能制造高速发展的今天重新审视这一情节往往会有荒谬的感觉，但不可否认它表达了一种可能性，即特定的人类集团利用新技术手段去压迫其他人类，这比这个电影所描绘的前景更为现实和残酷，却也意味着人类既有历史并非发生根本性改变。

高度发达的人工智能时代真正让深思者感到不安的，恰恰不在于人工智能对人的压迫，因为压迫关系本身可看作被压迫者具有价值的证明，而在于伴随人工智能相对于人类在能力上的全面超越，使得人类甚至不具有被压迫的价值，从而沦为无所不能的人工智能的“宠物”。因此，真正的问题不在于人工智能是否会在能力上全面超越人类，而在于伴随生产力提升和技术进步，当“去稀缺化”的时代全面到来后，一种有意义的人类生活还有存在与进步的可能吗?

公元前800年—公元前200年的轴心时代，在当时的历史条件下，提供了作为有限之存在的人类如何过一种有意义的生活的伟大精神指引。轴心时代的效果历史长达3000年，凝聚着5000年来人类关于一系列根本性问题思考的智慧结晶。自16世纪以来，伴随历史条件的决定性变化，它的整体有效性不可避免地急剧流逝，而超级人工智能前景的出现，则标志着它的效果历史即将终结。这并非由于轴心时代不够伟大，而在于人类境遇的根本变化会带来新的根本性问题，会形成在新的历史条件下如何过一种有意义的生活的全新思考。这是新轴心时代应承担的历史使命。

轴心时代以有死者（人）与神圣者（神）同处于一个世界的“一元存在论”（Monism）的系统性突破为标志，展现了人神共处的世界之外的超越性世界（“天外之天”），从而形成了以超验与现实、彼岸与此世的对立为标志的“二元存在论”（Dualism），并以此作为人类安身立命的精神基础。正是出于“二元存在论”式世界图景与人在此世界图景中的地位的不同认知、想象，演化出轴心文明间的核心差异。伊朗琐罗亚斯德教的二元论斗争神学，希腊哲学中柏拉图哲学有关理念世界与现实世界的区分、亚里士多德的潜能（Dynamis）—实现（Energeia）学说，希伯来传统的原罪说与救赎说，中国传统中老子所言“无名天地之始，有名万物之母”、庄子所言“六合之外，圣人存而不论；六合之内，圣人论而不议”、孔子所言“未能事人，焉能事鬼”“未知生，焉知死”，以及这背后“性”—“命”关系的讨论，印度传统中《奥义书》之论梵（Brahman）—我（Ātman），佛教之论涅槃（Nirvaṇa）—轮回（Saṃsāra）、菩提（Bodhi）—烦恼（Kleśa），均是对这种“二元存在论”的不同回应。正是在这一背景下，形成了三种带有根本性差异的生命原则：西方传统对应的创生论，中国传统对应的生生论，印度传统对应的无生论（参阅附录二）。

当代（新轴心时代）与轴心时代在世界认知上的最大差异在于，伴随生产力水平与科技的全面发展，人的有限存在因技术的无限扩展和人与技术的紧密结合而变得空前模糊，作为轴心时代精神产物的“二元存在论”模式无法有效解释与应对这种新的境遇。像不存在稀缺性的世界中人类如何生活的类似问题，不再限于理想世界的想象，而逐渐具有现实意义。人类的新境遇与新思考，指向二元对立的更高层面的“一元存在论”。这种由上古神话式的“一元存在论”经历轴心时代的“二元存在论”复归于“一元存在论”的人类精神历程，正合于庄子《齐物论》所言：“道通为一。其分也，成也；其成也，毁也。凡物无成与毁，复通为一。”

高度发达的人工智能，本质上近于亚里士多德意义上的“能行动的努斯”（nous），nous的含义极丰富精微，不过大体上可以理解为理性（接近汉语中的“心”），这也是亚里士多德关于神的定义。

对于具有的可无限延展与进化的能力（可称之为大神通）而言，任何存在外在标准的人类活动，都可以被其取代。因此，对于人类而言，在高度发达的人工智能时代，有意义的生活便意味着去找寻无法被人工智能所取代者，或说，神通所不能者。高度发达的人工智能在根本上不能实现的，不会是任何具有外在评价标准的活动，而只能是人类的内在经验、觉受与内自证境界。

总之，在人工智能时代，伴随着稀缺性的全面消失，人类所能过的真正有意义的生活，莫过于深化自己的内在经验与觉受，提升内自证境界，通过反求诸己觉悟自性，即过一种**觉悟的生活**。这种觉悟的生活，体现于公共领域，便是前文中提到的“觉悟的政治”。即便人工智能实现由无情物向有情众生的革命性转化（如同在许多科幻作品中想象的那样），进而开启自己的修行之路与觉悟之路，那也只是他的修行与觉悟，无法取代人类自身的修行与觉悟。同样，即便人类的存在形态实现由碳基生命向硅基生命或其他类型之非碳基生命的转化，也依然必须面对如何过一种有意义的生活之问题，依然要寻求属于自己的觉悟之路。觉悟之路于新轴心时代，既是轴心时代各种文明所留下的精神传承的延续，也是自我升华与自我超越。

【注释】

1 本章关于“去政治化的政治”的分析，极大地得益于清华大学教授汪晖的研究，特别是其《去政治化的政治：短20世纪的终结与90年代》一书。

2 汪晖，《去政治化的政治：短20世纪的终结与90年代》，生活·读书·新知三联书店，2008，7—8页、15—16页。

3 事实上，“革委会”组成过程中体现的“三结合”原则，本身便体现了在群众运动与官僚化体制之间达成的平衡妥协。参阅汪晖，《去政治化的政治：短20世纪的终结与90年代》，2008，14—15页。

4 卢梭，《社会契约论》，1994，22—26页。

5 熊彼特在1942年首次出版的《资本主义、社会主义和民主》一书中，批判了将人民放在首位而将选举代表置于其后的“古典民主观”，提出应将民主定义为“一些个人通过竞争人民选票来获得（公共）决策权的制度安排”，在颠覆了人民相对于其代表的优先地位后，“民主政治并不意味也不能意味人民真正在的统治——就‘人民’和‘统治’两词的任何明显意义而言——民主政治的意思只能是：人民有接受或拒绝将要来统治他们的人的机会。但是，因为人民也能用全然不民主的方式来决定接受或拒绝，我们不得不增加一个识别民主方法的标准，来缩小我们的定义，那就是由未来领导人自由竞争选民的选票……民主政治就是政治家的统治”。参阅熊彼特，《资本主义、社会主义与民主》，商务印书馆，2014，349—438页，特别是395—421页，引文见415页。

6 这一划分的依据，一方面在于印度文明与伊朗文明的古代印欧民族“雅利安”（梵文ārya-，古波斯语ariya-，阿维斯特语airya-）同源说，一方面在于将希腊与脱胎于犹太教的基督教视作西方精神的共同源头。

7 雅斯贝尔斯，《历史的起源与目标》，华夏出版社，1989，14页。

8 《马克思恩格斯选集》第1卷，2012，402—403页。

9 尼采有关“上帝死了”的论述，在其1882年出版的《快乐的科学》的第3卷中首次出现：“上帝死了！上帝真的死了！是我们杀死了他！”四年后（1886年）尼采为原为四卷的《快乐的科学》增补了第5卷，第5卷的第一段开头写道：“最近发生的最伟大的事件——‘上帝死了’，对基督教上帝的信仰成为不可信的了——这事件开始将其最初的阴影投射在欧洲大地上。”在1883年出版的《查拉斯图拉如是说》中，这被进一步表述为：“从前欺辱上帝是最大的亵渎；现在上帝死了，因之上帝的亵渎者也死了。”在尼采之前，青年黑格尔在《信仰与知识》（1802年）一文的结尾处，从一种颇不同于尼采的视角得出了类似的结论：“新时代的宗教赖以基建的那种情感——就是：上帝本身死了。”如同海德格尔所指出的，尼采把虚无主义的解释综括于“上帝死了”这一短语，这句话道出了两千年来西方历史的命运。黑格尔所思考的东西不同于尼采所思考的，但两者之中有一种隐藏在一切形而上学本质中的根本性联系。海德格尔，《尼采的话“上帝死了”》，《林中路》（二十世纪西方哲学译丛），上海译文出版社，1997，219—224页。

结　语
漫长的21世纪

21世纪已经过去20年，众多反差巨大的现象并存于这个世界。一方面，人类被信息、物流、产业体系的全球化前所未有地紧密连接在一起；另一方面，是反全球化运动利用这种全球化带来的物质、技术、交流成果在世界各地蔓延。一方面，信息极其丰富与充分涌流所带来的知识爆炸、知识体系的加速迭代和各种信息平台在人类生活深度嵌入；另一方面，个人面对空前丰富的信息而无所适从，反倒更深度地陷入对特定信息渠道的依赖与盲从，变为更易被影响操控的“乌合之众”。一方面，以智能手机为代表的包含极多生产环节的复杂产品的性价比持续提升；另一方面，粮食、肉类等传统商品的性价比长期保持稳定乃至出现下降。一方面，谷歌首席未来科学家雷·库兹韦尔（Ray Kurzweil）预言，到2029年每过一年人类的寿命能够延长一岁，从而正式踏上永生之路；另一方面，2020年新冠疫情的超预期爆发给中国与全世界带来的巨大冲击，疫情大规模传播所导致的对病床和医疗资源的“挤兑”，造成多国医疗体系的瘫痪。一方面，火星移民、打造地月经济圈等大航天时代的宏伟计划，反映出人类改造自然的伟力；另一方面，面对加州大火、澳洲大火、非洲蝗灾等突发性重大自然灾害时，人类敬畏自然的无力……各种矛盾与其背后逻辑所对应的不同道路、不同命运的交错，令21世纪呈现出空前的复杂面目。

21世纪是一种极为独特的时空体。

对21世纪的认知与想象，直接与20世纪的理解与定位关联在一起。有关20世纪，存在着以阿瑞吉为代表的“长20世纪”和以霍布斯鲍姆、汪晖为代表的“短20世纪”两种深度叙事。依照前者，漫长的20世纪所对应的“美国周期”，与漫长的17世纪所对应的“荷兰周期”、漫长的19世纪所对应的“英国周期”，共同构成16世纪以来世界体系内部霸权迭代的历史进程，代表着时间与秩序的结构性连续。依照后者，20世纪则意味着一种革命范式，是16世纪以来国际资本与霸权国家共同支配世界的历史连续性，被一系列富于高度能动性的革命行动所打破的过程，是从历史的断裂而非自然延续中实现的“时间的开始”，对应于以中国革命与俄国革命为代表的人类反抗旧世界秩序的伟大斗争。

围绕着中国革命与俄国革命之效果历史的不同认知，形成了霍布斯鲍姆与汪晖关于短20世纪的不同划分方式。霍布斯鲍姆在《极端的年代》中，以1914年第一次世界大战爆发为起点，以1991年苏联解体为终结。清华大学教授汪晖在《去政治化的政治：短20

世纪的终结与90年代》与《短20世纪：中国革命与政治的逻辑》中，则将1911年辛亥革命爆发设为开端，以20世纪70年代中后期为其尾声。相对于霍布斯鲍姆，汪晖的短20世纪叙事，其时间跨度更短而理论内涵更富于张力。他既指出中国革命破坏既有的时间序列和政治的空间结构、切断原有文明之历史连续性的断裂性特征，也强调了中国在革命的反复顿挫中实现的文明实体与文明序列的超强连续性（“连续性的创制”），从而展现了“短20世纪”与“长20世纪”在充满紧张的竞争互博中共存的复杂关系。

作为20世纪的断裂性与连续性的共同继承者，21世纪注定是漫长的。如果它依旧延续16世纪以来世界体系的逻辑，那么它所对应的新周期，也将延续荷兰周期、英国周期、美国周期均超过百年的漫长特征。如果它能开辟一种根本有别于16世纪以来世界体系的新历史轨道，那么作为短20世纪的历史性补偿，在短20世纪中开启但尚未充分展开的各种行动逻辑，均将在21世纪获得真正的历史现实性，从而实现近40年的“去政治化的政治”、500年的资本主导—霸权迭代型世界体系乃至以轴心时代为高峰的5000年人类文明史的多重超越。

无论其追随者如何留恋不舍或矢口否认，美国霸权主导的时代即美国世纪终将过去。世界体系的未来，以其未来，故而未去。它的命运，关联于一切与此因缘相关者之所思、所言、所为、所愿。

漫长的21世纪，才刚刚开始。

附 录 一
新旧世界体系间隙中欧洲[1]的困境与意义

欧洲的困境，既是旧的世界体系失序的明显表征，也进一步加剧了这种失序的进程。二战后，失去了主导世界的雄心与实力、依托“美国治下的和平”的欧洲，本是这一体系中最稳定的一极，可以被描绘为处于某种超稳定结构中：社会阶层严重固化，社会福利发达，各项制度成熟，政治—社会高度可预期，整体社会持续缺乏活力。

当代欧洲的阶层固化，是自中世纪以来漫长的封建社会对其整体社会结构影响的延续：重要的权力—资源，历经生产方式和政治制度的更替，始终被某些特定的集团所占据。欧洲在此前世界体系中居于较为有利的地位，得以分享世界范围的超额利润以平复内部

1 本文提到的欧洲，主要是指欧盟东扩前的成员国，包括西欧、北欧的大多数国家和英国。

矛盾，加之各种社会救助与福利制度完善，故而在二战结束以来的较长时期中，社会矛盾相对缓和，阶层固化—活力不足的问题虽严重，尚在可接受的范围。但伴随着美国主导的世界体系的失效，欧洲在这一体系的优越地位甚至比美国自身的霸权结构，更明显地受到这一进程的影响，长期以来累积的各种社会矛盾呈现出激化的态势。

就经济层面而言，欧洲的传统优势在金融与高端制造，而欧洲社会阶层高度固化的特征决定了它无法适应以平等为核心的互联网精神（扁平化管理、去部门、无边界等特质是这种精神的具象呈现）。这导致它的传统优势很难与互联网时代最富活力的各种新经济形态衔接，进而导致欧洲在互联网时代的整体世界经济中日益边缘化。而这种互联网领域的边缘化地位，又进一步导致欧洲在传统优势领域的地位下降。欧洲经济在世界经济中的整体下滑态势，叠加上欧洲传统上因处于产业链高端而形成的各类成本高昂、企业竞争意识不足、员工缺乏能动性等问题，造成其长期以来施行的通过社会保障与社会福利缓解社会矛盾的基本战略（这背后是利用在世界体系的有利地位获取全球超额利润的能力）陷入空前的困境。与之相伴而来的，是欧洲诸国出现的对全球化乃至欧盟内部一体化进程的强烈质疑和反对。

就政治层面而言，欧洲的政治精英阶层传承良久，结构高度稳定。二战后，欧洲政治精英不再公开谋求世界范围的支配地位，转而致力于欧洲内部的一体化——欧盟。同时，欧洲内部的巨大差异与张力，在欧盟的框架下，反而更清晰地凸显出来。欧盟这种新型区域共同体如何与传统的民族国家—主权国家形式相结合而构成一种有机体，始终处于探索之中。欧盟超越了一般性政府间组织的范畴，承接了内部国家的部分国家主权（如与货币政策相关的权力），但远未形成有效运作的超国家实体。这种欧洲国家向欧盟让渡部分主权、共同进行治理的架构，即便在相对平稳的状态下，也需要经过较长时期的检验才能对其机制与效果进行合理评估。而原有世界体系的失效与失序，则使得这种机制的弱点——特别是不同国家间的利益分歧，针对重大问题的反应滞后，国家权力与超国家权力的协同困境，充分暴露出来。此类问题的集中呈现，便是2016年英国"脱欧"公投引发的连锁反应。这一事件尽管本身带有高度的偶然性，但这种小概率事件的发生，折射的又是英国、欧洲乃至整体西方世界的民主实践所遭遇的真实困境：公民德性与政治家德性的双重欠缺。长期以来，欧洲政治被传统精英阶层操控把持的状态，造成了一般民众对政治的普遍冷漠和政治精英对基层民众心理的普遍隔膜。这种上下相隔的状态，典型对应于《易经》中的"否"卦：否卦之象，乾上坤下，主天地不交而万物不通也[1]。世界情势

1　在《易经》中，这种辩证思维贯穿始终，如与"否"卦相对的"泰"卦，呈坤上乾下之象，示天地交而万物通，小往大来，吉亨。又如"未济"卦，其象离上坎下，火性上炎，水性下润，两不相交，故称"未济"，而与"未济"卦相对的"既济"卦，呈坎上离下之象，水火相交，万事皆济，故以既济为名。中医常以"未济"卦对应的心（离火）肾（坎水）不交现象解释失眠，而以"既济"卦对应的心肾相交之象以作对治之法。又如，"乾"卦六爻皆阳，以龙为喻，至最上一爻（"上九"），则曰"亢龙有悔"，以"贵而无位，高而无民，贤人在下位而无辅，是以动而有悔也"（《周易·系辞上》）；其"用九"（汉帛书《周易》作"迵九"。迵，通也。用九即为通九，犹言六爻皆九），则曰"见群龙无首，吉"。而"谦"卦之象，坤上艮下，表地中有山，喻外表卑下而内蕴高大，居高位而能下人，君子以裒多益寡，称物平施，故曰"谦，亨，君子有终"，"谦"卦也是易卦中极少见的六爻皆吉者。

的超常规变化，则进一步推动了类似“脱欧”这样因上下隔绝、彼此漠视、重重误判而造成的小概率事件的发生。

就文化层面而言，二战后的欧洲失去了统一的政治认同和政治意志，以尊重各种群体的生活方式、价值取向、文化习俗为特征的文化多元主义成为欧洲的主流。这种文化多元主义，一方面表现为对传统欧洲中心主义的反思与超越，另一方面，又往往会被刻画为欧洲的核心品质而融入一种改头换面的欧洲中心主义，进而作为一种特殊的意识形态工具被加以使用。这种特定的文化心理的典型表征是，在享受各种现代的文明成果的同时，却以一种欣赏古物、遗迹的心理，希望广义的东方民族能保留其“原生形态”，即不发生任何深刻的社会制度变革，而为广义的西方提供一种凝固静态的、不融入现代文明的、始终带有异域情味的“他者”形象。欧洲的知识分子及民众对西藏问题的认知与误解，正是在这样背景下发生的。这也决定了，欧洲式的文化多元主义，往往带有深刻的欧洲中心主义（西方中心主义）的偏狭视角和傲慢心理。

在传统的政治领域，欧洲是贯彻政教分离原则最彻底的地区。然而在社会领域，基督教传统仍在深刻地发生作用。它的存在长期以来被视作欧洲社会的文化背景与认同基础，而与政教分离的原则并行不悖，典型的例子是欧洲各国的法定假日大多具有基督教底色。然而伴随着欧洲人口结构的显著变化，特别是信仰伊斯兰教的人口在过去30年的大幅上升，基督教作为维系欧洲社会共识和文明主体性的意义，已经不再是自明的了。考虑到未来30年的人口结构变化趋势，即便宽泛意义上的信仰基督教的人群（如欧洲大量存在的是身份证上标识的教徒，而事实上几乎没有宗教认同的群体），届时也完全可能不再是欧洲社会的人口主体。可以设想，伊斯兰教徒未来会要求将伊斯兰假日提升到与国家假日或基督教假日享受同等地位，这种诉求不但有其合理性，甚至可以说是在欧洲社会的人口结构发生变化后，坚持政教分离原则的应有之义。事实上，此前欧洲的伊斯兰人口没有获得主流影响力的原因，很大程度在于尚未生成具有自己独立政治意识和文明认同的精英群体。当伴随原本的边缘化人群逐渐成长为精英群体（这几乎是不可避免的），欧洲的政治生态也必然会发生相应的变化。

综上而论，传统欧洲社会的经济、政治、社会、文化及在此之上建立的产业、制度、风俗、民情，伴随着原有世界体系的失效，均处在重大变革的过程中。这一进程对于16世纪以来一直在世界体系中占有主导—优势地位的欧洲而言，可以说是“五百年未有之变局”。以2015年11月发生的巴黎恐怖袭击事件为标志，欧洲自二战结束后长达70年的“超稳定结构”终结，欧洲由原先世界体系中最稳定的一极逐渐进入动荡模式，或许需要两代人的时间才能重新回到新的稳态结构。

尽管处于前所未有的大变局中，但应认识到，欧洲的精英阶层特别是政治精英阶层仍处于相对稳定的状态。这固然是造成欧洲社会缺乏活力、上下不通、进取不足的原因，同时也决定了，欧洲的整体社会结构与主要国家制度不太会发生根本性的颠覆，尽管欧洲的各种极右翼力量因变局而颇为活跃，但很难真正成为主流。欧洲的政治精英阶层，由于失去政治理想和远大抱负，与欧洲的整体社会一样，陷入严重的庸常化倾向，但因拥有相对完整成熟的政治经验传承与相应知识体系，不应低估他们在真切感受到危机后学习改进、调整适应的能力。如马克龙的一系列带有强烈主体意识的讲话，正反映出欧洲政治精英的自我反省与自我调整。欧洲虽进入动荡模式，各种社会矛盾凸显，易发生持续的中低强度的冲突，但不太可能陷入严重的社会撕裂与全面对抗，整体上会是持续动荡、动而不破的格局。

处于这种状态下的欧洲，对于新世界体系而言，值得重视之处在于两点。

1. 金融领域的特殊地位

伴随着英国的“脱欧”，伦敦金融城对欧洲大陆金融体系的控制力大大下降，与之相应，包括德国、法国和瑞士在内的大陆国家在欧洲金融体系的影响力大为提升。具有世界金融体系重要话语权的英国，处于与美国竞争全球金融资源的地位，这对于整体实力迅速下降又以金融利益为核心的美国而言，是重大的威胁（这是英国作为曾经的世界体系主导者在新旧体系交替过程中为自己保留下的特权，也可以视作是美国为顺利从英国那里继承这一体系付出的代价）。从美国调查黄金白银操纵案、LIBOR（伦敦银行同业拆借利率）操纵案，到维京群岛客户信息大规模泄露，到美国撇开LIBOR自行确定本国的银行同业拆借利率，都反映出美国希望削弱乃至根本剥夺英国所掌握的金融特权而增强金融领域控制权的意图。这一英美在金融领域的矛盾，决定了英国在“脱欧”后无法入美，也决定了，英国及欧洲大陆，是中国在世界金融体系的重塑过程中可以争取团结的力量。特别对于中国在世界范围内围绕各种重要资源定价权所展开的博弈，具有十分重大的意义：应努力引导其进入由中国主导的跨地区乃至世界性经济—政治新体系，如打造人民币重要的海外结算中心。

2. 世界体系的历史视野

欧洲是16世纪以来世界体系的最早受益者，也是各种相关规则的制订者、具有核心影响力的参与者与解释者。这种世界体系在知识学上最重大的意义在于，形成了一种前所未有的完整的世界历史视野，将人类已知的一切民族、国家、文明的体系皆纳入其中，从而使各种文明的发展路径与各种文明间错综复杂的相互影响，进入全新的境界。尽管在这种世界历史视野的背后，带有浓重的西方中心主义的色彩，但这种视野的不断展开，恰恰为超越和扬弃附着其中的西方中心主义提供了方便。伴随这种世界历史视野与相应的世界历史解释，空前丰富的有关各种民族与文明的资料被收集、整理、提淬、分享、应用，伴随着这一过程中的见地深化、知识积累、情性相合、心灵共鸣，人类命运共同体才有实现的可能。

附 录 二

三种生命原则：创生、生生与无生

创生论的核心在于，将世界的本源归于某种特定的神圣者，将世界的生成想象为这位神圣者以工匠对待产品的方式加以制造，将这位世界的制造者认作绝对主宰。当这位创造者（大匠）以特定的技艺和特定的材料制作呈现出特定的产物时，产物完成的时间即为绝对时间的起点。因其将制作—创造的原则置于生命之上，故命名为“创生”。

创生论虽能解释世界的创造，却无法解释世界的创造者由何而生，因此创生论必与生生论结合。其基本思路为，人所处的世界由神创造，遵循创生的原则；而作为世界创造者的（诸）神，自身则超越于创生的逻辑之外，而直接体现“生生”之旨。这种认知，在神与人、神与世界之间，划出一道截然永隔、不可逾越的界限，将永生归于神圣者，以死亡归于世间。

中国传统的生生论，则无须作这样神人永隔式的截然划分。生之为生，正在其起源之超越言语和思维，故无须纠结于此，生命的存在及其不息繁衍合于自然之道，生命的价值在其自身而不在外。此种观念是儒道两家思想和共通之处。

儒家安身立命，自强不息，故有为天地立心，为生民立命。“其为人也，发愤忘食，乐以忘忧，不知老之将至”（《论语·述尔》），敦守人伦，慎终追远，以子孙之繁衍生育为个体生命之延续，以立德、立功、立言求超越有限生命之不朽。道家顺天安命，庄子著作尤多此类表述，如“死生，命也；其有夜旦之常，天也。人之有所不得与，皆物之情也”，“大块载我以形，劳我以生，佚我以老，息我以死。故善吾生者，乃所以善吾死也”（《庄子·大宗师》），“适来，夫子时也；适去，夫子顺也。安时而处顺，哀乐不能入也”（《庄子·养生主》），更有“不知说生，不知恶死。其出不䜣，其入不距。翛然而往，翛然而来而已矣”（《庄子·大宗师》）之真人境界。

丹道则又与此种超逸无为之道家有所差别，而要以有为之法，与自然之生老病死的规律相抗衡并克服超越之。以“盗天地，夺造化，攒五行，会八卦”（《入药镜》）之气魄与功夫，追求在“与天争衡”中逆天改命，所谓“顺则凡，逆则仙”（《无根树》），“我命在我不在天”（《抱朴子·内篇》），“改形免世厄，号之为曰人”（《周易·参同契》）。这种贯穿着盗天地阴阳之机而逆用、自主命运而得解脱的思想与实践，是人类极具主体意识和革命精神的超越个体有限性的尝试，是“生生”的原则相对彻底也富于斗争意义的展现之道。

至《道德》言“天地所以长且久者，以其不自生，故能长生”[1]，《南华》言“杀生者不死，生生者不生”[2]，正可对比黑格尔《精神现象学》序言中的表述：“现象是生成与毁灭的运动，但生成毁灭的运动自身却并不生成毁灭，它是自在地存在着的，并构成着现实和真理的生命运动”[3]，生生之旨尽矣！实已指向与佛教相关的无生论：所谓“无生”，非死亡枯寂，而是意味着生灭（依因缘和合而有为生，依因缘分散而无为灭）本身均为幻象，众生因无明妄想而执着因缘假和者为实有，但自性实本无生灭。即《中论·观因缘品》所言“诸法不自生，亦不从他生。不共不无因，是故知无生”

1 天长地久。天地所以能长且久者，以其不自生，故能长生。是以圣人后其身而身先，外其身而身存。非以其无私邪？故能成其私。故通行本《道德经》第七章可称为“长生章”。

2 南伯子葵问乎女偶曰：“子之年长矣，而色若孺子，何也？”曰：“吾闻道矣。”南伯子葵曰：“道可得学邪？”曰：“恶！恶可！子非其人也。夫卜梁倚有圣人之才而无圣人之道，我有圣人之道而无圣人之才。吾欲以教之，庶几其果为圣人乎？不然，以圣人之道告圣人之才，亦易矣。吾犹守而告之，参日而后能外天下；已外天下矣，吾又守之，七日而后能外物；已外物矣，吾又守之，九日而后能外生；已外生矣，而后能朝彻；朝彻而后能见独；见独而后能无古今；无古今而后能入于不死不生。杀生者不死，生生者不生。其为物无不将也，无不迎也，无不毁也，无不成也。其名为撄宁。撄宁也者，撄而后成者也。”（《庄子·大宗师》）其意境亦可参照“道通为一。其分也，成也；其成也，毁也。凡物无成与毁，复通为一”（《庄子·齐物论》）；“物物者与物无际，而物有际者，所谓物际者也。不际之际，际之不际者也。谓盈虚衰杀，彼为盈虚非盈虚，彼为衰杀非衰杀，彼为本末非本末，彼为积散非积散也”（《庄子·知北游》）。

3 黑格尔，《精神现象学》（上卷），1996，30页。

（na svato nâpi parato na dvābhyāṃ nâpy ahetutaḥ | utpannā jātu vidyante bhāvaḥ kvacana kecana）[1]：一切事物现象于因缘和合中，既非由自我所生，也非由他者所生，也非由自己和他者共同所生，也非无因而生，故知究竟无生。故而生命，如同世间之种种，不过于因缘和合，并无恒常不变、独立存在的实体。大乘佛教体悟诸法皆空，而不废世间假名，即《中论・观四谛品》的“因缘所生法，我说即是空，亦为是假名，亦是中道义”（yaḥ pratītyasamutpādaḥ śūnyatāṃ tāṃ pracakṣmahe | sā prajñaptir upādāya pratipat saîva madhyamā）[2]，也自不否定世俗意义上的生命，缘起法在解释世间生灭现象时亦与“生生”之旨不相悖。大乘佛教能顺利流播于中国而兴盛，其核心正在“生生”与“无生”的精妙契合，正如《易经系传》所谓：“寂然不动，感而遂通。”

1 叶少勇，《中论颂：梵藏汉合校・导读・译注》，中西书局，2011，12—13页。
2 同上，426—427页。

参考文献

Aguilar, A., 1968. *Pan-Americanism from Monroe to the Present: A View from the Other Side*, New York.

Alison, G., 2017. *Destined for War: Can America and China Escape Thucydides' s Trap?*, Boston.

Barbour, V., 1950. *Capitalism in Amsterdam in the Seventeenth Century*, Baltimore.

Barraclough, G., 1967. *An Introduction to Contemporary History*, Harmondsworth.

Barratt-Brown, M., 1963. *After Imperialism*, London.

——, 1974. *The Economics of Imperialism*, Harmondsworth.

Beekes, R. S. P., 2009. *Etymological Dictionary of Greek*, Leiden.

Boxter, Ch. R., 1965. *The Dutch Seaborne Empire, 1600-1800*, New York.

Brenner, R., 1998. "The Economics of Global Turbulence: A Special Report on the World Economy, 1950-1998", New Left Review, I/229: 1-264.

Brenner, R., 2002. *The Boom and the Bubble: The U. S. in the World Economy*, London.

de Cecco , M., 1984. *Money and Empire*: *The International Gold Standard*, New York.

Chandler, A. D. Jr., 1977. *The Visible Hand: The Managerial Revolution in American Business*, Cambridge.

——, 1990. *Scale and Scope: The Dynamics of Industrial Capitalism*, Cambridge.

Chapman, S. D., 1984. *The Rise of Merchant Banking*, London.

——, 1992. *Merchant Enterprise in Britain: From the Industrial Revolution to World War I*, New York.

Chirot, D., 1985. "The Rise of the West", American Sociological Review, 50: 181-195.

Cumings, B., 1997. "Japan and Northeast Asia into the Twenty-first Century", in P. J. Katzenstein/ T. Shiraishi (ed.), Network Power: Japan and Asia, 136-168, Ithaca.

Davies, K. G., 1957. *The Royal African Company*, London.

Dehio, L., 1962. *The Precarious Balance: Four Centuries of the European Power Struggle*, New York.

Dobb, M., 1963. *Studies in the Development of Capitalism*, London.

Drummond, I. M., 1987. *The Gold Standard and the International Monetary System, 1900-1939*, New York.

Eichengreen, B. / Portes, R., 1986. "Debt and Default in the 1930s. Causes and Consequences", European Economic Review, 30: 599-640

Elliott, J. H., 1970. *Imperial Spain. 1469-1716*, Harmondsworth.

Fukuyama, F., 1989. "The End of History?", The National Interest, 16: 3-18.

——, 1992. *The End of History and the Last Man*, New York.

Gilbert, F., 1970. *To the Farewell Address: Ideas of Early American Foreign Policy*, Princeton.

Gilpin, R., 1975. *U. S. Power and the Multinational Corporation: The Political Economy of Foreign Direct Investment*, New York.

Goldstein, J. / Rapkin, D. P., 1991. "After Insularity: Hegemony and the Future of

World Order", Futures, 23(9): 935-959.

Gorski, P., 2017. *American Covenant: A History of Civil Religion from the Puritans to the Present*, Princeton.

Gross, L., 1968. "The Peace of Westphalia, 1648-1948", in R . A. Falk / W. H. Hanrieder (ed.), International Law and Organization, Philadelphia, 45-67.

Guha, R., 1992. "Dominance without Hegemony and Its Historiography", in R. Gupta (ed.), Subaltern Studies, 4: 210-305, New York.

Hamashita, T. , 1994. "The Tribute Trade System and Modern Asia", in A. J. H. Latham/ H. Kawakatsu (ed.), Japanese Industrialization and the Asian Economy, 91-107, London/ New York.

——, 1997. "The Intra-regional System in East Asia in Modern Times", in P. J. Katzenstein/ T. Shiraishi (ed.), Network Power: Japan and Asia, 113-135, Ithaca.

Henderson, W. O., 1975. *The Rise of German Industrial Power, 1834-1914*, Berkeley.

Hobsbawm, E., 1968. *Industry and Empire: An Economic History of Britain since 1750*, London.

Howard, M., 1976. *War in European History*, New York.

Hui, P., 1995. "Overseas Chinese Business Networks: East Asian Economic Development in Historical Perspective", Ph. D. diss., State University of New York at Binghamton.

Huntington, S. P., 1993. "Clash of Civilizations?", Foreign Affairs, 73(3):22-49.

Hymer, S., 1972. "The Multinational Corporation and the Law of Uneven Development", in J. N. Bhagwati (ed.), Economics and World Order: From the 1970s to the 1990s, 113-140, New York.

Israel, J., 1989. *Dutch Primacy in World Trade, 1585-1740*, Oxford.

Jin, H. / Qian, Y. / Weingast, B., 2005. "Regional Decentralizationand Fiscal Incentives: Federalism, Chinese Style", Journal of Public Economics, 89:1719-1742.

Jones, E. L., 1987. *The European Miracle*, Cambridge.

Kedar, B. Z., 1976. *Merchants in Crisis: Genoese and Venetian Men of Affairs and the Fourteenth-Century Depression*, New Haven.

Kenyon, J. P., 1966(ed.). *The Stuart Constitution, 1603-1688*, Cambridge.

Kindleberger, C., 2015. *Manias, Panics, and Crashes. A History of Financial Crises*, New York.

Krasner, S., 1979. "The Tokyo Round: Particularistic Interests and Prospects for Stability in the Global Trading System", International Studies Quarterly, 23(4): 491-531.

Krippner, G.R., 2005. "The Financialization of the American Economy", Socio-Economic Review, 3: 173-208.

Kroonen, G., 2013. *Etymological Dictionary of Proto-Germanic*, Leiden.

Landes, D., 1969. *The Unbound Prometheus: Technological Change and Industrial Development in Western Europe from 1750 to the Present*, Cambridge.

Laurent, H., 1935. *Un grand commerce d' exportation au moyenâge: la draperie des Pays-Bay en France et dans les pays méditerranéens(XIIe-XVe siècle)*, Liège-Paris.

Lipset, S. M., 1996. *American Exceptionalism: A Double-Edged Sword*, NewYork.

Lockhart, C., 2012. *The Roots of American Exceptionalism: Institutions, Culture, and Policies*, London.

Ltike, J. B., 2013. *Twilight of the Republic: Empire and Exceptionalism in the American Political Tradition*, Kentucky.

Mahan, A. T., 1957. *The Influence of Sea Power upon History, 1660-1783*, New York.

Marcus, G. J., 1961. *A Navel History of England, I, The Formative Centuries*, London.

Marichal, C., 1989. *A Century of Debt Crisis in Latin America: From Indepen-*

dence to the Great Depression, 1820-1930, Princeton.

Maskin, E./ Qian, Y./ Xu, Ch., 2000. "Incentives, Scale Economies, and Organization Forms", Review of Economic Studies, 67: 359-378.

McNeill, W. H., 1982. *The Pursuit of Power: Technology, Armed Force, and Society since A.D. 1000*, Chicago

Merk, F., 1963. *Manifest Destiny and Mission in American History: A Reinterpretation*, New York.

Montinola, G./Qian, Y./ Weingast, B., 1995. "Federalism, Chinese Style: the Political Basis for Economic Success in China", World Politics, 48: 50-81.

Nef, J. U., 1934. "The Progress of Technology and the Growth of Large-Scale Industry in Great Britain, 1540-1640", The Economic History Review, 5(1): 3-24.

North., D.C. / Thomas, R., 1977. *The Rise of the Western World: A New Economical History*, Cambridge.

Nye, J. S., 1990. *Bound to Lead: The Changing Nature of American Power*, New York.

Nye, J. S., 1995. "The Case for Deep Engagement", Foreign Affairs 74(4): 90-102.

Phillippon, T., 2019. *Great Reverse: How America Gave up on Free Markets*, Boston.

Phillips, K., 1993. *Boiling Point. Republicans, Democrats, and the Decline of Middle-class Prosperity*, New York.

Pillsbury, M., 2015. *The Hundred-Year Marathon: China's Secret Strategy to Replace America as the Global Superpower*, New York.

Qian, Y. / Xu, Ch., 1993. "Why China's Economic Reforms Differ: The M-form Hierarchy and Entry/Expansion of the Non-State Sector", Economics of Transition, 1: 135-170.

de Roover, R., 1948. *Money, Banking, and Credit in Medieval Bruges: Italian*

Merchant-Bankers, Lambards and Money-Changers, A Study in the Origins of Banking, Cambridge, Massachusetts.

Rowen, H. H., 1978. *John de Witt: Grand Pensionary of Holland*, 1625-1672, Princeton.

Saul, S. B., 1969. *The Myth of the Great Depression, 1873-1896*, London.

Shark, S. L. , 1993. *The Political Logic of Economic Reform in China*, California.

Schoffer, I., 1985. "Did Holland's Golden Age Coincide with a Period of Crisis? ", in G.Parker/L. N. Smith (ed.), The General Crisis of the Seventeenth Century, 88-108, London.

Schurmann, F., 1974. *The Logic of World Power. An Inquiry into the Origins, Currents, and Contradictions of World Politics*, New York.

Subramanian, A., 2011. *Eclipse: Living in the Shadow of China's Economic Dominance*, Washington.

Temperley, H., 1925. *The Foreign Policy of George Canning, 1822-1827: England, the Neo-Holy Alliance, and the New World*,London.

Tomlinson, B. R., 1975. "India and British Empire, 1880-1935", The Indian Economic and Social History Review 1975, 12(4): 337-380.

de Vaan, M., 2008. *Etymological Dictionary of Latin and the other Italic Languages*, Leiden.

Wallerstein, I., 1988. "The 'discoveries' and Human Progress", Estudos e Ensaios.

——, 1990a. "World-System Analysis: the Second Phase", Review, 13(2): 287-293.

——, 1990b, "Culture as the Ideological Battleground of the Modern World-System", Theory, Culture & Society, 7: 31-55.

——, 1992. "The West, Capitalism, and the Modern World-System ", Review, 15 (4): 561-619.

——, 2004. *World-Systems Analysis: An Introduction*, Durham.

Weber, M., 1981 (reprint). *General Economical History*, New Brunswick.

Wilson, C., 1966. *Anglo-Dutch Commerce and Finance in the Eighteenth Century*, Cambridge.

阿布—卢格霍德（Janet L. Abu-Lughod），《欧洲霸权之前：1250—1350年的世界体系》，杜宪兵、何美兰、武逸天译，北京：商务印书馆，2015。

安德森（Perry Anderson），《从古代到封建主义的过渡》，郭方、刘健译，上海：上海人民出版社，2016a。

安德森（Perry Anderson），《绝对主义国家的系谱》，刘北成、龚晓庄译，上海：上海人民出版社，2016b。

阿伦特（Hannah Arendt），《论革命》，陈周旺译，南京：译林出版社，2014。

阿瑞基（Giovanni Arrighi），《漫长的20世纪》，姚乃强、严维明、韩振荣译，南京：江苏人民出版社，2011。

阿里吉（Giovanni Arrighi），《亚当·斯密在北京：21世纪的谱系》，路爱国、黄平、许安结译，北京：社会科学文献出版社，2009。

阿瑞吉（Giovanni Arrighi）、西尔弗（Beverly J. Silver），《现代世界体系的混沌与治理》，王宇洁译，北京：生活·读书·新知三联书店，2006。

阿明（Samir Amin），《全球化时代的资本主义对当代社会的管理》，丁开杰等译，李智校，北京：中国人民大学出版社，2013。

白钢，《中国革命与中国现代文明建立答客问》，《观察与交流》2011（总第76期）。

白钢，《中国社会主义的文明观》，《国外理论动态》2012（01）。

白钢，《毛泽东时代发展路径初探》，《经略》网刊2013（12）（总第34期），http://jingluecn.com/kanwu/bdzwxk/201312A/2013-12-28/830.html。

白钢，《以中国道路扬弃“苦恼意识”：评〈超常增长：1979—2049年的中国经济〉》，《观察与交流》2014（总第135期）。

白钢，《世界文明共同体5000年》（清华大学国情研究院讲座），http://www.iccs.tsinghua.edu.cn/NewsSt/656.html，2019。

白惠天、周黎安，《M型结构的形成：1955—1978年地方分权与地方工业的兴起》，《经济学报》2018（02）：1—42。
贝拉（Robert N. Bellah），《美国的公民宗教》，陈勇译，《原道》2006（01）：123—141。
滨下武志（Takeshi Hamashita），《近代中国的国际契机：朝贡贸易体系与近代亚洲经济圈》，朱荫贵、欧阳菲译，北京：中国社会科学出版社，1999。
滨下武志（Takeshi Hamashita），《中国、东亚与全球经济》，王玉茹、赵劲松、张玮译，北京：中国社会科学出版社，2009。
波兰尼（Karl Polanyi），《巨变：当代政治与经济的起源》，黄树民译，北京：社会科学文献出版社，2013。
布罗代尔（Fernand Braudel），《地中海与菲利普二世时代的地中海世界（第一卷）》，唐家龙、曾培耿等译，吴模信校，北京：商务印书馆，2014a。
布罗代尔（Fernand Braudel），《地中海与菲利普二世时代的地中海世界（第二卷）》，吴模信译，北京：商务印书馆，2014b。
布罗代尔（Fernand Braudel），《十五至十八世纪的物质文明、经济和资本主义（第一卷）：日常生活的结构》，顾梁、施康强译，北京：商务印书馆，2017a。
布罗代尔（Fernand Braudel），《十五至十八世纪的物质文明、经济和资本主义（第二卷）：形形色色的交换》，顾梁、施康强译，北京：商务印书馆，2017b。
布罗代尔（Fernand Braudel），《十五至十八世纪的物质文明、经济和资本主义（第三卷）：世界的时间》，顾梁、施康强译，北京：商务印书馆，2017c。
晁中辰，《明代海禁与海外贸易》，北京：人民出版社，2005。
恩道尔（William F. Engdahl），《石油战争：石油政治决定世界新秩序》，赵刚等译，北京：知识产权出版社，2008。
芬利（M. I. Finley），《古代世界的政治》，晏绍祥、黄洋译，北京：商务印书馆，2016。
弗兰克（Andre Gunder Frank）、吉尔斯（Barry K. Gills）主编，《世界体系：500年还是5000年?》，郝名玮译，北京：社会科学文献出版社，2004。

葛兰西（Antonio Gramsci），《狱中札记》，葆煦译，北京：人民出版社，1983。
葛兰西（Antonio Gramsci），《葛兰西文选（1916—1935）》，中共中央编译局国际共运史研究所编译，北京：人民出版社，1992。
郭锐、王箫轲，《近代以前日本的朝鲜观》，《史学月刊》2014（09）：100—106。
汉密尔顿（Alexander Hamilton）、杰伊（John Jay）、麦迪逊（James Madison），《联邦党人文集》，关在汉译，北京：商务印书馆，2015。
哈特（Michael Hardt）、奈格里（Antonio Negri），《帝国——全球化的政治秩序》，杨建国、范一亭译，南京：江苏人民出版社，2005。
海德格尔（Martin Heidegger），《尼采的话“上帝死了”》，《林中路》（二十世纪西方哲学译丛），孙周兴译，上海：上海译文出版社，1997：216—272。
黑格尔（Georg Wilhelm Friedrich Hegel），《精神现象学》（上下卷），贺麟、王玖兴译，北京：商务印书馆，1996。
黑格尔（Georg Wilhelm Friedrich Hegel），《法哲学原理》，张企泰、范扬译，北京：商务印书馆，1997。
赫德森（Michael Hudson），《金融帝国：美国金融霸权主义的来源和基础》，嵇飞、林小芳译，北京：中央编译出版社，2008。
亨廷顿（Samuel Phillips Huntington），《文明的冲突与世界秩序的重建》，周琪、刘绯、张立平、王圆译，北京：新华出版社，2010。
黄枝连，《天朝礼制体系研究（上卷）：亚洲的华夏秩序——中国与亚洲国家关系形态论》，北京：中国人民大学出版社，1994。
霍布斯鲍姆（Eric Hobsbawm），《极端的年代：1914～1991》，郑明萱译，北京：中信出版社，2014。
吉普鲁（François Gipouloux），《亚洲的地中海：13—21世纪中国、日本、东南亚商埠与贸易圈》，龚华燕、龙雪飞译，广州：新世纪出版社，2014。
贾晋京，《重绘全球工业图景：中国应从“世界工厂”升级为“世界实验室”》，《中国机电工业》2013（09）：34—38。

卡根（Robert Kagan），《危险的国家：美国从起源到20世纪初的世界地位》（上下册），袁胜育、郭学堂、葛腾飞译，北京：社会科学文献出版社，2011。

凯西斯（Youssef Cassis），《资本之都——国际金融中心变迁史（1780—2009年）》，陈晗译，北京：中国人民大学出版社、中国金融出版社，2011。

克鲁格曼（Paul R. Krugman）、奥伯斯法尔德（Maurice Obstfeld），《国际经济学》（第五版），海闻等译，北京：中国人民大学出版社，2002。

科耶夫（Alexandre Kojève），《黑格尔导读》，姜志辉译，南京：译林出版社，2005。

李元晖、李大龙，《是“藩属体系”还是“朝贡体系”？——以唐王朝为例》，《中国边疆史地研究》2014，24（02）：11—17。

刘日新，《新中国经济建设简史》，北京：中央文献出版社，2006。

刘信君，《中朝与中国和东南亚藩属国朝贡制度之比较》，《广东社会科学》2011（01）：124—132。

林毅夫、蔡昉、李周，《中国的奇迹：发展战略与经济改革（增订版）》，上海：格致出版社、上海三联书店、上海人民出版社，1999。

林毅夫、孙希芳，《经济发展的比较优势战略理论——兼评〈对中国外贸战略与贸易政策的评论〉》，《国际经济评论》2003（11—12）：1—10。

卢梭（Jean-Jacques Rousseau），《社会契约论》，何兆武译，北京：商务印书馆，1994。

麦克尼尔（William H. McNeill），《西方的兴起：人类共同体史》，郭方、李永斌、孙越译，北京：中信出版社，2015。

麦克尼尔（William H. McNeill），《瘟疫与人》，余新忠、毕会成译，北京：中信出版社，2018。

莫里斯（Ian Morris），《西方将主宰多久：东方为什么会落后，西方为什么能崛起》，钱峰译，北京：中信出版社，2011。

穆林斯（Eustace Mullins），《美联储的秘密》，肖艳丽译，长春：吉林出版集团有限责任公司，2011。

尼采（Friedrich Wilhelm Nietzsche），《查拉斯图拉如是说》，尹溟译，北京：文化艺术出版社，1987。

尼采（Friedrich Wilhelm Nietzsche），《快乐的科学》，黄明嘉译，上海：华东师范大学出版社，2007。

庞格尔（Thomas Pangle），《“古典共和主义”与美利坚立国：一项批评》，宗成河译，《共和主义：古典与现代》（《思想史研究》第二辑），上海：上海人民出版社，2006：65—90。

波考克（J. G. A. Pocock），《众国、共和国与帝国——早期近代视野中的美利坚合众国》，任军锋译，《共和主义：古典与现代》（《思想史研究》第二辑），上海：上海人民出版社，2006：40—64。

波考克（J. G. A. Pocock），《德行、商业和历史》，冯克利译，北京：生活·读书·新知三联书店，2012。

波考克（J. G. A. Pocock），《马基雅维利时刻：佛罗伦萨政治思想和大西洋共和主义传统》，冯克利译，南京：译林出版社，2013。

波考克（J. G. A. Pocock），《古代宪法与封建法：英格兰17世纪历史思想研究》，翟小波译，南京：译林出版社，2014。

任贵祥，《华侨与辛亥革命百年研究述评》，《史学月刊》2012（03）：5—14。

山鹿素行（Yamaga Sokou），《山鹿素行集》第6卷，东京：国民精神文化研究所，1931。

杉山正明（Masaaki Sugiyama），《忽必烈的挑战：蒙古帝国与世界历史的大转向》，周俊宇译，北京：社会科学文献出版社，2013。

史正富，《史无前例的三十年：中国发展道路的政治经济学》，史正富编，《30年与60年：中国的改革与发展》，上海：格致出版社，2009。

史正富，《超常增长：1979—2049年的中国经济》，上海：上海人民出版社，2013。

斯密（Adam Smith），《亚当·斯密全集：国民财富的性质和原因的研究》（上下卷），郭大力、王亚南译，北京：商务印书馆，2013。

泰勒（Charles Taylor），《黑格尔》，张国清、朱进东译，南京：译林出版社，2002。
汪晖，《去政治化的政治：短20世纪的终结与90年代》，北京：生活·读书·新知三联书店，2008。
汪晖，《短二十世纪：中国革命与政治的逻辑》，香港：香港牛津大学出版社，2015。
汪晖，《十月的预言与危机——为纪念1917年俄国革命100周年而作》，《文学理论与批评》2018（01）：6—42。
王光华，《何谓“美国例外主义”？——一个政治术语的考察》，《美国问题研究》2016（01）：93—111。
王屏，《论日本人“中国观”的历史变迁》，《日本学刊》2003（02）：33—47。
王绍光，《民主四讲》，北京：生活·读书·新知三联书店，2012。
韦伯（Max Weber），《新教伦理与资本主义精神》，李建修、张云江译，北京：中国社会科学出版社，2009。
沃勒斯坦（Immanuel Wallerstein），《现代世界体系（第一卷）16世纪的资本主义农业与欧洲世界经济的起源》，郭方、刘新成、张文刚译，郭方校，北京：社会科学文献出版社，2013a。
沃勒斯坦（Immanuel Wallerstein），《现代世界体系（第二卷）重商主义与欧洲世界经济体的巩固：1600～1750》，郭方、吴必康、钟伟云译，郭方校，北京：社会科学文献出版社，2013b。
沃勒斯坦（Immanuel Wallerstein），《现代世界体系（第三卷）资本主义世界经济大扩张的第二时期：1730～1840年代》，郭方、夏继果、顾宁译，郭方校，北京：社会科学文献出版社，2013c。
沃勒斯坦（Immanuel Wallerstein），《现代世界体系（第四卷）中庸的自由主义的胜利：1789～1914》，吴英译，庞卓恒校，北京：社会科学文献出版社，2013d。
熊彼特（Joseph Alois Schumpeter），《资本主义、社会主义与民主》，吴良健译，北京：商务印书馆，2014。
许毅、隆武华，《试论清代前期对外贸易政策与海禁的性质》，《财政研究》1992（07）：51—63。
雅斯贝尔斯（Karl Theodor Jaspers），《历史的起源与目标》，魏楚雄、俞新天译，北京：华夏出版社，1989。
鄢一龙、白钢、章永乐、欧树军、何建宇，《大道之行：中国共产党与中国社会主义》，北京：中国人民大学出版社，2015。
鄢一龙、白钢、吕德文、刘晨光、江宇、尹伊文，《天下为公：中国社会主义与漫长的21世纪》，北京：中国人民大学出版社，2018。
叶少勇，《中论颂：梵藏汉合校・导读・译注》，上海：中西书局，2011。
张五常，《中国的经济制度》，北京：中信出版社，2009。
章永乐，《威尔逊主义的退潮与门罗主义的再解释——区域霸权与全球霸权的空间观念之争》，《探索与争鸣》2019（03）：97—109。
周黎安，《中国地方官员的晋升锦标赛模式研究》，《经济研究》2007（07）：36—50。